누구나
쉽고 재미있게

사고력 수학

노크

A2
(8~9세)

측정

이 책을 보시는 부모님들께

머리가 좋아야 수학을 잘 한다는 말이 있습니다. 또, 수학을 잘 못하는 아이는 아빠, 엄마의 머리를 물려받아서 그렇다는 등의 난데없는 유전자 논쟁이 벌어지기도 합니다. 하지만 많은 사람들의 일반적인 생각과는 달리 이는 근거없는 이야기입니다. 외국의 한 연구 기관에서 언어, 사회, 수학, 과학의 네 가지 분야 중 어떤 것이 아동의 선천적 재능에 영향을 받는지 조사한 연구 결과를 발표했는데 일반적인 예상과는 다르게 선천적 재능에 영향을 받는 순서는 사회, 언어, 과학, 수학 순이었습니다. 다시 말해, 수학은 여러 학문 분야 중 선천적인 재능보다는 후천적인 환경이나 교육자, 학습자의 노력에 가장 큰 영향을 받는 학문이라 볼 수 있습니다. 수학의 가장 기본이 되는 '수 영역'의 예를 들어 보겠습니다. 아이들이 수를 처음 접하는 시기의 차이는 있지만 실제 수에 대한 감각과 수를 다루는 연습은 생활 속에서의 체험이나 다양한 활동, 학습 속에서 이루어집니다. 즉, 수학의 가장 기본이 되는 수는 선천적으로 가진 재능과는 거의 연관이 없으며 자라나면서 어떤 환경에 놓이는지, 얼마나 많이 수를 생각할 수 있는 기회가 있는지, 나이에 맞는 올바른 학습을 만날 수 있는지에 좌우됩니다. 그러므로 아이의 수학적 발달에 문제가 있다면, 그 아이가 누구를 닮아서 그런지, 지능이 떨어지는지를 따질 것이 아니라 수학적 힘을 기를 수 있는 학습 환경을 어떻게 만들어줄 것인가를 고민해야 합니다.

국제영재교육연구소의 랜즐리 소장은 영재의 기준을 마련하기 위해 여러 연구를 시행한 결과, 영재의 공통적인 특징들을 발견하였습니다. 첫째는 115 이상의 지능지수(IQ), 둘째는 창의력(Creativity), 셋째는 동기적 요소라고 부르는 끈질긴 근성과 과제집착력이었습니다. 이들 세 가지 요소 역시 선천적으로 타고 나는 부분도 물론 있겠지만 대부분 후천적인 학습이나 교육 활동을 통해 기를 수 있는 능력이라는 데에 이의를 제기하기는 힘듭니다.

이처럼 수학적 능력은 후천적 학습 환경에 주로 좌우되며, 특히 어린 시절에는 그러한 경향이 더더욱 두드러집니다. 하지만 우리의 아이들을 둘러싼 수학적 환경을 다시 한 번 돌아봅시다. 초등학교를 들어가기 전부터 과도한 학습량과 무의미한 반복 활동, 이후의 수학 학습에 오히려 방해가 될 정도로 무리한 선행 학습 등의 환경은 아이의 수학적 힘을 길러주기보다는 수학에서 가장 중요한 창의적 사고력을 기를 수 있는 기회를 박탈함과 동시에 수학에 대한 흥미를 급속하게 떨어뜨리게 하여 수학으로 문제를 해결하려는 의지, 즉 수학적 동기를 스스로에게 부여하는 것을 불가능하게 만들어 버립니다. 중요한 것은 남들보다 먼저, 그리고 더 많이 수학적 지식을 머리 속에 주입하는 것이 아니라 태어나서부터 누구나 가지고 있는 수학에 대한 관심, 그리고 수학으로 생각하는 힘을 일깨워주는 것입니다.

수학을 잘할 수 있는 힘,

수학적 잠재력은 이미 여러분 아이들의 머릿 속에 줄곧 있어왔습니다. 단지 어떤 아이는 그것을 찾아내어 드러낼 수 있었고, 어떤 아이는 꼭꼭 숨긴 채 평생 드러나지 않을 뿐입니다. 이러한 수학적 잠재력에 대한 참신한 자극 – 생각을 두드리는 '노크'를 제안하려 합니다. '노크'는 수학적 지식과 스킬만을 무리하게 밀어넣지 않습니다. 왜 수학을 해야 하고, 어떻게 수학으로 가능한지 끊임없이 스스로 생각하게하는 계기로서의 활동이 되려 합니다. 일상으로부터 괴리된 학문으로서의 수학이 아닌, 삶을 살아가며 반드시 키워야 할 논리적, 합리적 사고력을 기를 수 있는 누구에게나 가장 중요한 경쟁력으로서의 수학을 주장합니다. '노크'야말로 새로운 수학 학습의 길을 보여주는 방향타가 될 것입니다.

한 현 조

똑!똑! 사고력 수학

노크의 구성

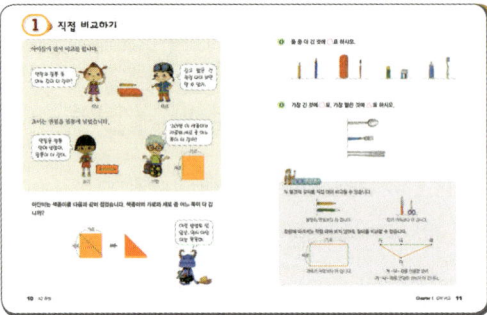

시작 : 생각열기

사고력 수학 주제에 맞는 수학적 상황, 수학사, 생활 속 수학 이야기 등의 자유로운 형식으로 흥미를 유발하고, 수학적 사고를 자극하는 주제별 프롤로그

노크 포인트

문제 해결의 핵심적 원리를 '콕!' 집어서 간결하게 요약한 사고력 수학 주제별 포인트

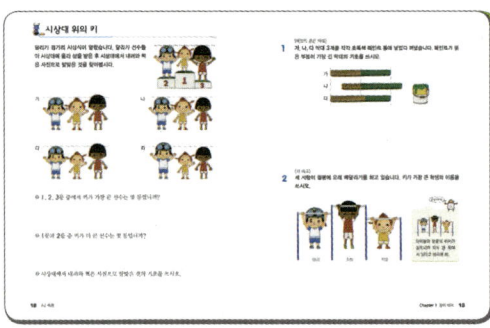

전개 : 유형 탐구

사고력 수학의 대표 유형을 노크만의 새로운 방법으로 차근차근 한 단계씩 익히고 해결하는 단계적 유형 탐구와 이를 통해 익힌 방법적 원리를 적용, 확장하는 확인 문항

날 생각해 봐!

수학 요정들의 친절한 충고와 꼬마 요괴들의 밉살스럽지만 유용한 조언으로 어려운 발전 문항의 해결을 돕는 문제 해결 도우미 박스

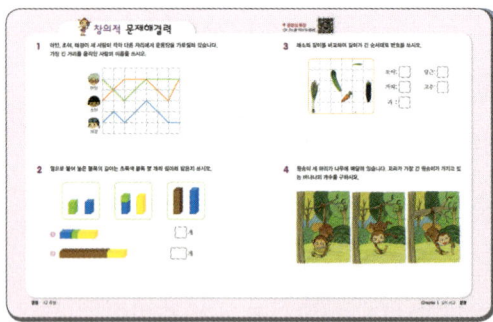

발전 : 창의적 문제해결력

3개의 사고력 수학 주제를 갈무리하는, 한 차원 높은 창의력과 복합적인 사고력을 요구하는 발전 문항의 끝판왕

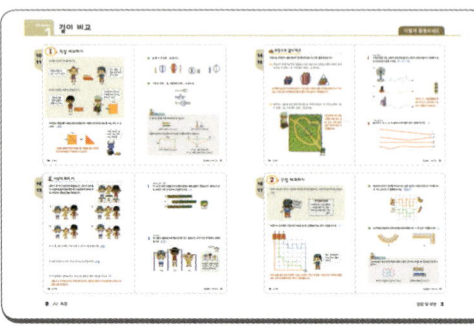

마무리 : 정답 및 해설

본문에 그대로 첨삭된 정답과 간략한 풀이 과정을 통한 사고력 수학 활동 피드백으로 마무리

노크
캐릭터 소개

지식을 되찾기 위해 노크랜드로 떠난 모험가 친구들

일단 저지르고 보는 거야!

난 궁금한 건 절대 못 참아.

침착하게 위기를 벗어나야 해.

생각으로 아주 멀리까지 날아가.

태경
활동파 리더

지오
호기심 공주

초이
조용한 전략가

아인
꼬마 천재

마법사 멀린과 수학 요정

마법사 멀린

노크랜드의 지식의 수호자. 지식을 파괴하려는 대마왕의 음모에 맞서 모험을 떠난 친구들의 든든한 조력자.

아르키메데스

페르마

플라톤

파스칼

피타고라스

가우스

유클리드

오일러

대마왕과 꼬마 요괴

대마왕

노크랜드의 지식의 파괴자. 세계를 차지하기 위해 모든 지식을 없애버리려고 하는 요괴들의 두목.

딴소리

한입

장난

딴짓

멍하니

잠만자

울보

거꾸로

이 책의 차례

Chapter 1

길이 비교

직접 비교하기

아이들이 길이 비교를 합니다.

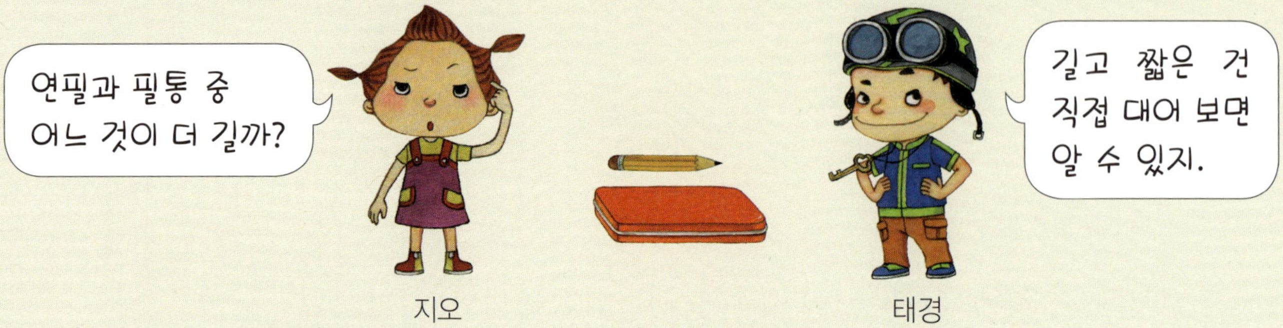

> 연필과 필통 중 어느 것이 더 길까?

지오

> 길고 짧은 건 직접 대어 보면 알 수 있지.

태경

초이는 연필을 필통에 넣었습니다.

> 연필을 필통 안에 넣었어. 필통이 더 길어.

초이

> 그러면 이 색종이는 가로와 세로 중 어느 쪽이 더 길까?

아인

가로

세로

아인이는 색종이를 다음과 같이 접었습니다. 색종이의 가로와 세로 중 어느 쪽이 더 깁니까?

가로

세로

> 이런 방법도 있었군. 역시 아인이는 똑똑해.

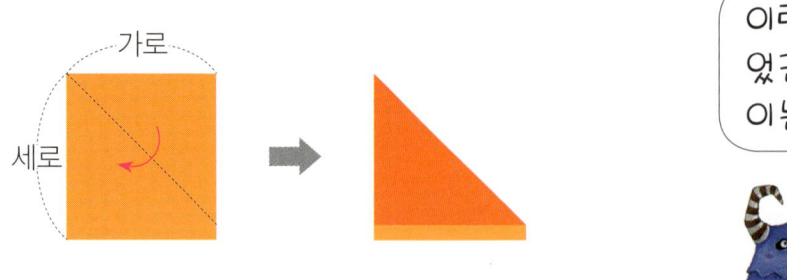

둘 중 더 긴 것에 ◯표 하시오.

가장 긴 것에 ◯표, 가장 짧은 것에 △표 하시오.

두 물건의 길이를 직접 대어 비교할 수 있습니다.

볼펜이 연필보다 더 깁니다.　　　　　칼이 가위보다 더 깁니다.

모양에 따라서는 직접 대어 보지 않아도 길이를 비교할 수 있습니다.

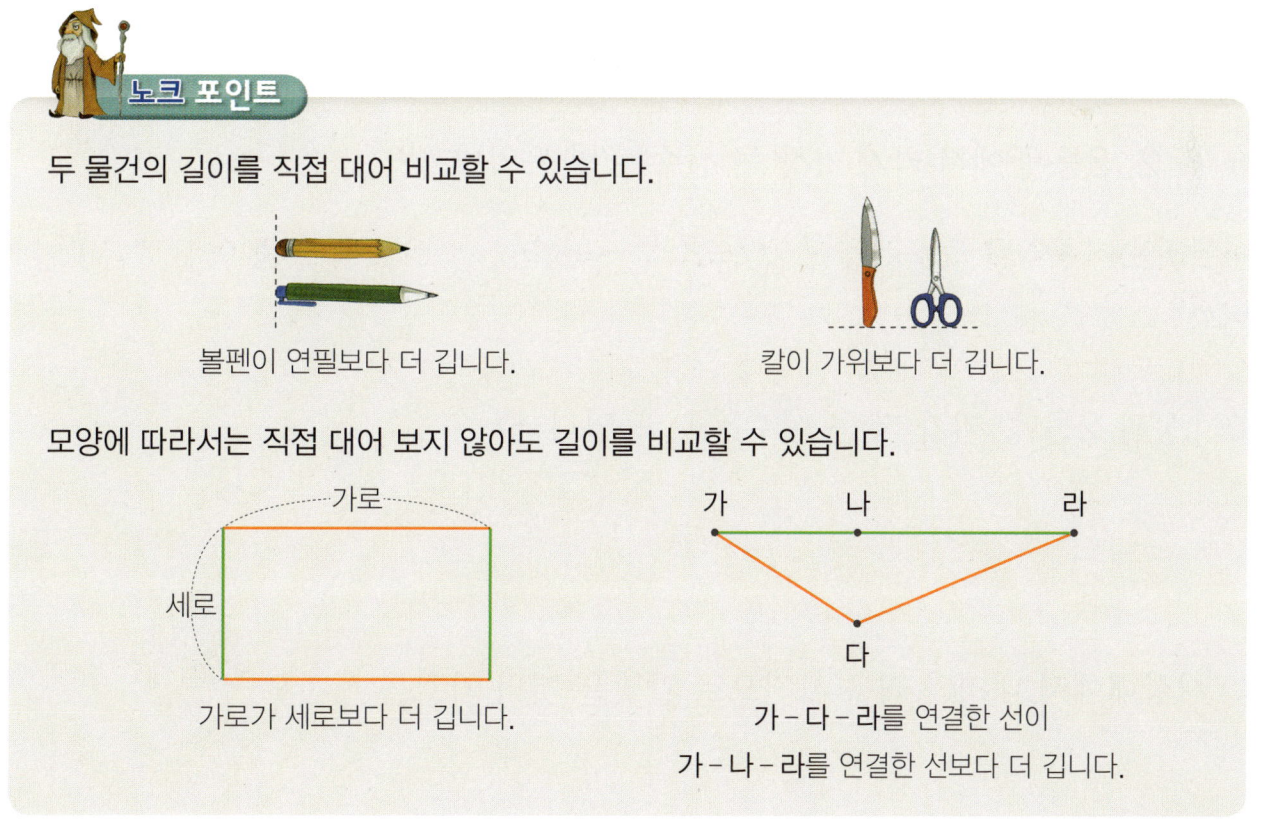

가로가 세로보다 더 깁니다.

가 - 다 - 라를 연결한 선이
가 - 나 - 라를 연결한 선보다 더 깁니다.

시상대 위의 키

달리기 경기의 시상식이 열렸습니다. 달리기 선수들이 시상대에 올라 상을 받은 후 시상대에서 내려와 찍은 사진으로 알맞은 것을 찾아봅시다.

가

나

다

라

❶ I, 2, 3등 중에서 키가 가장 큰 선수는 몇 등입니까?

❷ I등과 2등 중 키가 더 큰 선수는 몇 등입니까?

❸ 시상대에서 내려와 찍은 사진으로 알맞은 것의 기호를 쓰시오.

[페인트 묻은 막대]

1 가, 나, 다 막대 3개를 각각 초록색 페인트 통에 넣었다 꺼냈습니다. 페인트가 묻은 부분이 가장 긴 막대의 기호를 쓰시오.

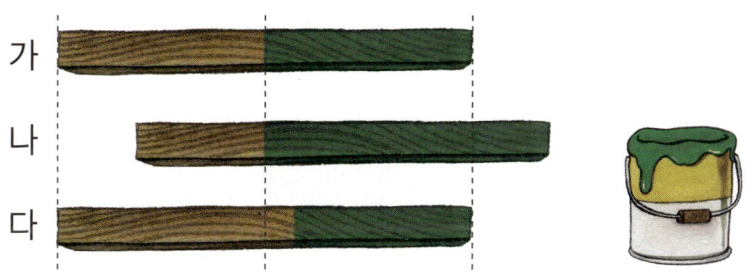

[키 비교]

2 세 사람이 철봉에 오래 매달리기를 하고 있습니다. 키가 가장 큰 학생의 이름을 쓰시오.

태경   초이   지오

잘 생각해 봐!

아이들의 발끝의 위치가 같으니까 모두 땅 위에 서 있다고 생각해 봐.

모양으로 길이 비교

아인이는 태경이의 생일 파티에 초대를 받았습니다. 다음 물음에 답하시오.

1 아인이가 태경이의 생일 선물을 고르고 있습니다. 선물을 포장한 리본의 길이가 가장 긴 것에 ○표, 가장 짧은 것에 △표 하시오.

2 아인이는 선물을 들고 태경이네 집으로 가려고 합니다. 세 가지 길 중에 가장 긴 길에 ○표, 가장 짧은 길에 △표 하시오.

태경이네

1 지오네 집에 있는 선풍기, 휴대전화 충전기, 다리미 중에서 멀리서 사용할 수 있는 순서대로 기호를 쓰시오.

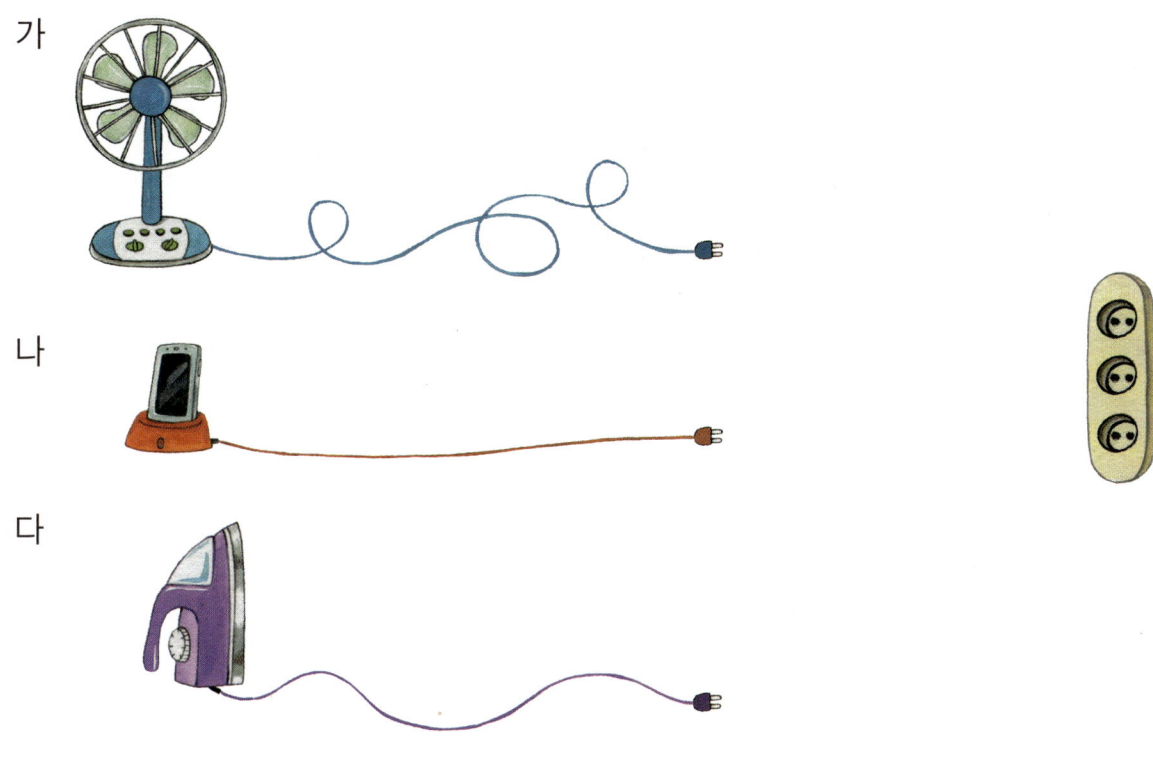

2 빨간색 선 가, 나, 다, 라 중에서 가장 짧은 선의 기호를 쓰시오.

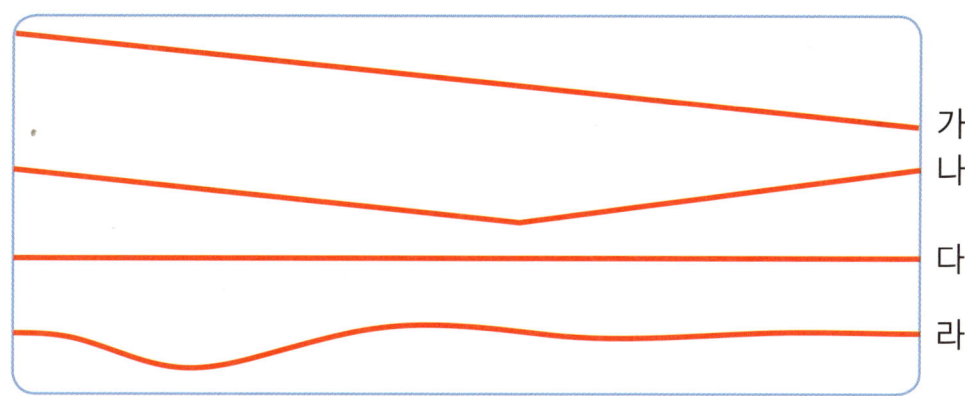

2 간접 비교하기

마법 나라에서 열리는 런닝맨 게임에 참가한 태경이는 다음과 같은 쪽지를 받았습니다.

MISSION

지도를 보고 문 하나를 선택하라.
도착점에 빨리 가는 사람이
먼저 다음 미션을 받을 수 있다.

-멀린-

태경이가 도착점에 가장 먼저 가려고 할 때, 선택해야 하는 문의 기호를 쓰시오.

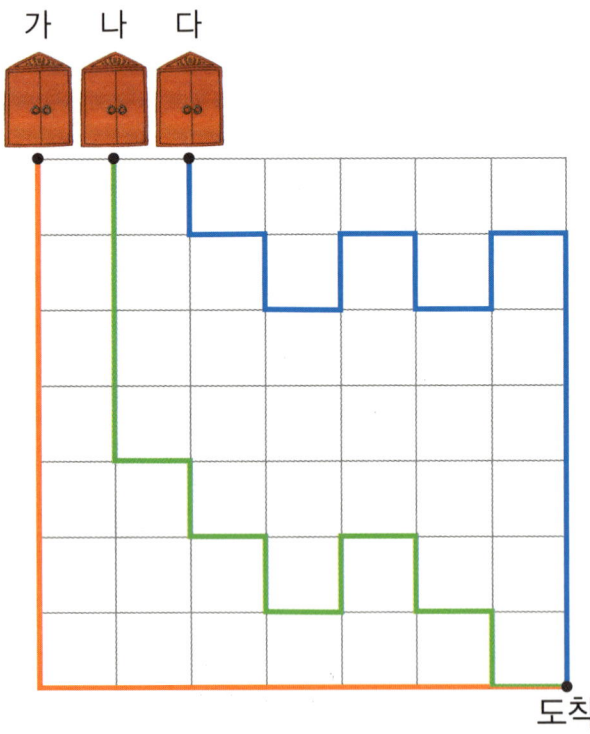

빨리 도착하려면 길의 길이가 짧아야겠지.

8 원숭이와 토끼가 먹이를 먹으러 가는 길을 선으로 나타낸 것입니다. 먹이를 먹으러 가는 길이 더 긴 동물을 쓰시오.

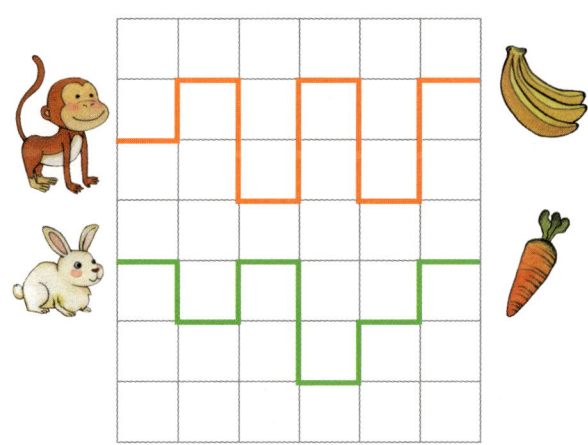

9 손가락을 이용하여 선의 길이를 비교하였습니다. 더 긴 선의 기호를 쓰시오.

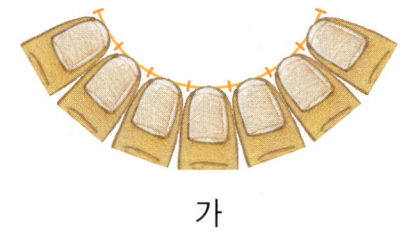

가

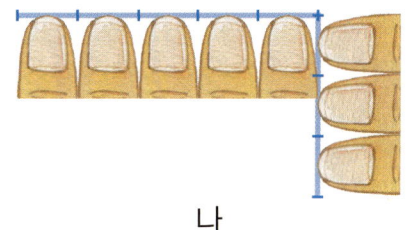

나

노크 포인트

직접 비교할 수 없는 경우에 똑같은 모양이나 물건, 손가락의 개수를 세어 길이를 비교할 수 있습니다.

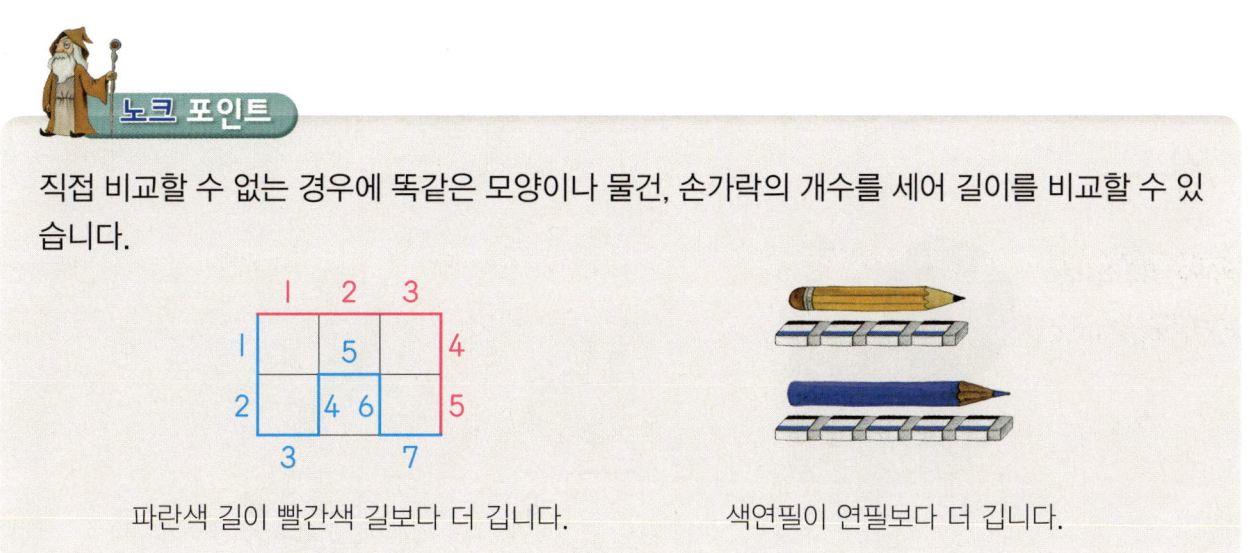

파란색 길이 빨간색 길보다 더 깁니다.

색연필이 연필보다 더 깁니다.

두 가지로 잰 길이

동물들이 뜀틀을 이용하여 각각 키를 재었습니다. 동물들의 키를 비교해 봅시다.

 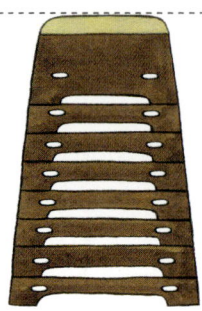  

❶ 사자가 서 있는 높은 뜀틀은 낮은 뜀틀 몇 개와 높이가 같습니까?

❷ 뜀틀을 모두 쌓아 놓으면 낮은 뜀틀 몇 개와 높이가 같습니까?

❸ 동물들의 키가 낮은 뜀틀 몇 개의 높이와 같은지 ☐ 안에 알맞은 수를 써넣으시오.

☐ 개   ☐ 개   ☐ 개

1 지우개와 바둑돌을 사용하여 파란 색연필의 길이를 재었습니다. 파란 색연필은 바둑돌 몇 개의 길이와 같습니까?

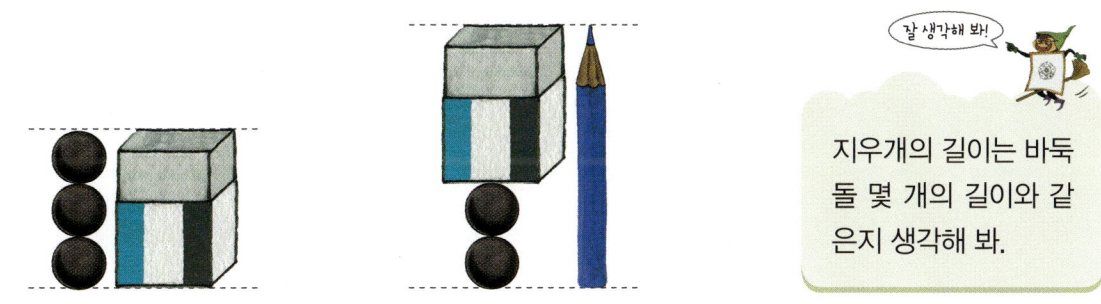

> 잘 생각해 봐!
>
> 지우개의 길이는 바둑돌 몇 개의 길이와 같은지 생각해 봐.

[아파트 단지]

2 지오와 초이가 사는 아파트 단지의 건물은 크기가 모두 같습니다. 출발점에서부터 지오와 초이가 걸어간 거리를 보고 누가 더 많이 걸었는지 구하시오.

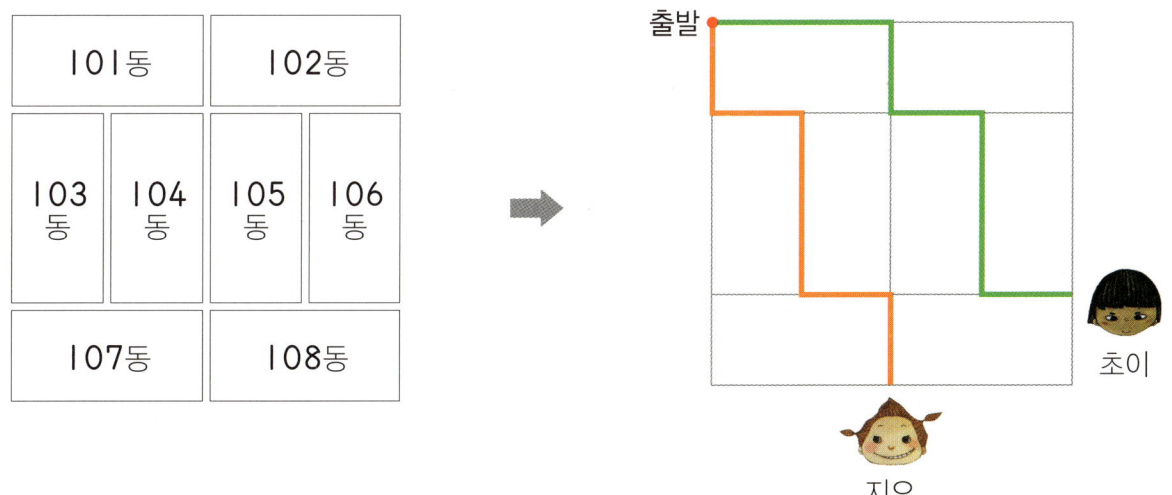

가장 빠른 길

학교에서 집으로 가는 여러 가지 길입니다. 길이를 비교하여 봅시다.

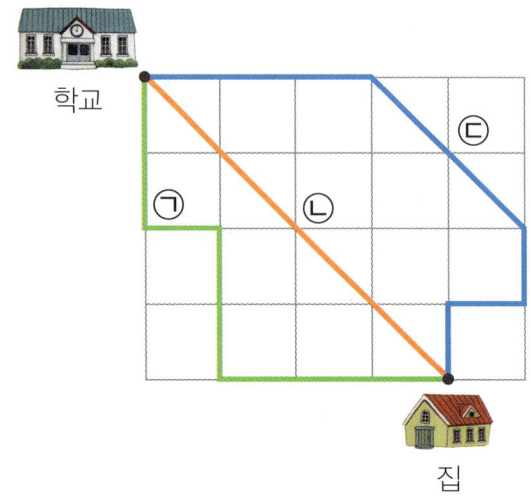

학교

집

❶ 세 가지 길 ㉠, ㉡, ㉢을 보고 ☐ 안에 알맞은 수를 써넣으시오.

㉠  : **8** 개   ㉡  : ☐ 개

㉢  : ☐ 개, : ☐ 개

잘 생각해 봐!

☐ 과 ☐ 의 길이는 같단다.

❷ 다음 두 가지 길 중에서 더 짧은 길에 ◯표 하시오.

(   )

(   )

(   )

(   )

❸ 길이가 짧은 것부터 차례로 기호를 쓰시오.

1 선의 길이가 두 번째로 짧은 것의 기호를 쓰시오.

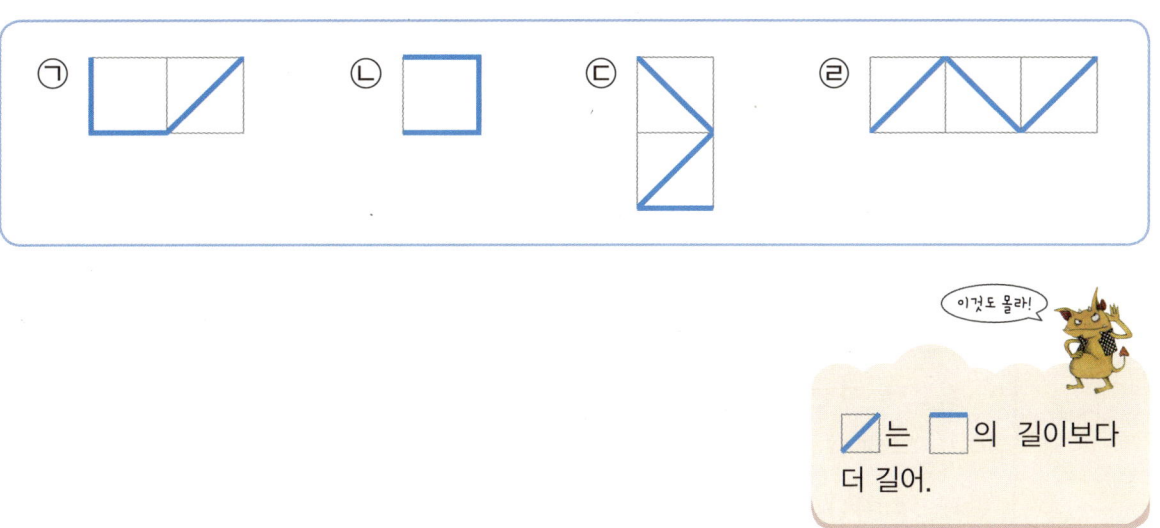

이것도 몰라!

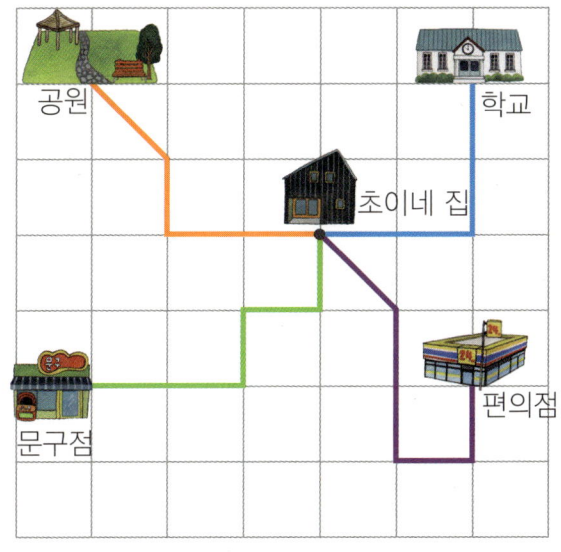

△는 □의 길이보다 더 길어.

[가장 오래 걸리는 곳]

2 초이네 집에서 공원, 학교, 편의점, 문구점에 가는 길을 각각 나타낸 것입니다. 초이네 집에서 출발할 때 가장 많이 걸어야 갈 수 있는 곳에 ◯표 하시오.

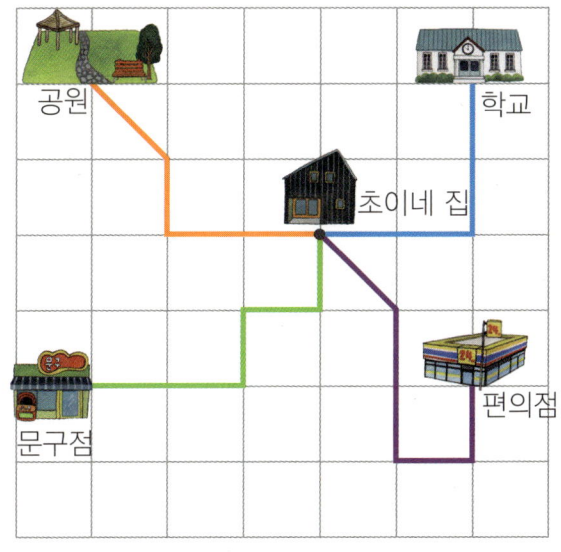

잘 생각해 봐!

길이가 같은 길은 지우고, 남는 길의 길이를 비교해 봐.

여러 가지 길이의 비교

선생님께서 아인이의 일기를 보시고 잘못된 말에 ◯표 해 주셨습니다.

5월 16일　　　　　제목: 신나는 금요일　　　　날씨: 맑음

오늘은 신나는 금요일이었다.

과학에 관한 책을 읽었는데 너무 재미있어서 시간이 가는 줄 모르고 빨리 읽었다. 지난 주에 읽었던 책과 두께를 비교해 보니 과학책의 두께가 더 길었는데 재미있어서 빨리 읽었나 보다.

내일은 할아버지 댁에 가기로 했다. 외할머니 댁보다 할아버지 댁의 거리가 더 길어서 자주 못 가기 때문에 기대가 많이 된다. 할아버지는 키가 짧고, 손가락의 굵기가 큰데 아빠의 말씀으로는 농사를 오래 지으셔서 그렇다고 한다. 나는 할아버지가 너무 좋다.

선생님께서 ◯표 하신 부분을 바르게 고쳐 보시오.

길었는데 → ☐　　　　　길어서 → ☐

짧고 → ☐　　　　　큰데 → ☐

🔢 **말과 그림을 알맞게 선으로 이으시오.**

두껍다./얇다.	굵다./가늘다.	깊다./얕다.
•	•	•

노크 포인트

대상과 상황에 따라 비교하는 말이 달라집니다.

키 비교	높이 비교	두께 비교
크다. / 작다.	높다. / 낮다.	두껍다. / 얇다.

거리 비교	깊이 비교	굵기 비교
멀다. / 가깝다.	깊다. / 얕다.	굵다. / 가늘다.

 # 소나무와 대나무

다음을 보고 소나무와 대나무를 비교해 봅시다.

지오

소나무   대나무

① 소나무와 대나무 중 뿌리가 더 깊은 것은 어느 것입니까?

② 소나무와 대나무 중 높이가 더 높은 것은 어느 것입니까?

③ 소나무와 대나무 중 줄기가 더 굵은 것은 어느 것입니까?

④ 소나무와 대나무 중 지오와의 거리가 더 먼 것은 어느 것입니까?

잘 생각해 봐!

길이는 비교하는 곳에 따라
여러 가지 말이 사용돼.

1 키가 가장 큰 사람에 ◯표, 가장 높은 곳에 있는 사람에 △표 하시오.

[굵기, 높이]

2 아인이와 초이가 나무 막대를 쌓았습니다. 그림을 보고 알맞은 이름에 ◯표 하시오.

아인   초이

❶ 더 굵은 막대를 사용한 사람은 (아인이 , 초이)입니다.

❷ 나무 막대를 더 높이 쌓은 사람은 (아인이 , 초이)입니다.

두 길이의 관계

실패에 실이 모두 같은 굵기로 감겨 있습니다. 가의 실패는 나, 다의 실패보다 가늘고, 다의 실은 가, 나의 실보다 굵습니다. 실패에 감긴 실의 길이를 비교해 봅시다.

① **가**와 **나**는 실의 굵기는 같지만 **나**가 **가**보다 실패가 더 굵습니다. 둘 중 감긴 실의 길이가 더 긴 것은 무엇입니까?

실패가 가늘면 실이 더 많이 감겨야 굵기가 같아진다는 걸 알까?

② **나**와 **다**는 실패의 굵기는 같지만 **다**가 **나**보다 실이 더 굵습니다. 둘 중 감긴 실의 길이가 더 긴 것은 무엇입니까?

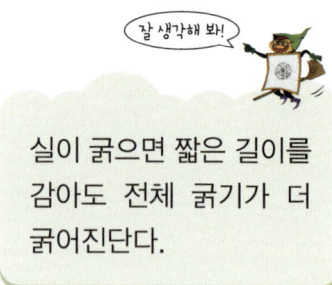

실이 굵으면 짧은 길이를 감아도 전체 굵기가 더 굵어진단다.

③ 감긴 실의 길이가 긴 것부터 차례로 기호를 쓰시오.

1 아인이는 아버지와 함께 마당에 놓을 평상을 만들고 있습니다. 길이가 같은 못 4개를 네 귀퉁이에 각각 박았을 때, 나무에 가장 깊이 박혀 있는 못의 기호를 쓰시오.

[바퀴의 크기와 거리]

2 지오, 초이, 태경이의 자전거입니다. 세 사람의 자전거 바퀴가 모두 똑같이 100바퀴씩 돌았을 때, 긴 거리를 움직인 사람부터 순서대로 이름을 쓰시오.

이것도 몰라!

자전거 바퀴를 같은 횟수만큼 돌리면 바퀴가 클수록 더 긴 거리를 간다는 사실을 모를 거야.

창의적 문제해결력

1 아인, 초이, 태경이 세 사람이 각각 다른 자리에서 운동장을 가로질러 갔습니다. 가장 긴 거리를 움직인 사람의 이름을 쓰시오.

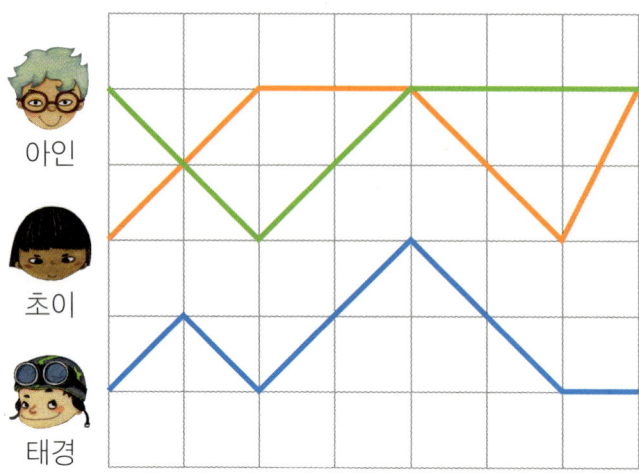

2 옆으로 붙여 놓은 블록의 길이는 초록색 블록 몇 개의 길이와 같은지 쓰시오.

❶ □ 개

❷ □ 개

3 채소의 길이를 비교하여 길이가 긴 순서대로 번호를 쓰시오.

오이: ☐   당근: ☐

가지: ☐   고추: ☐

파 : ☐

4 원숭이 세 마리가 나무에 매달려 있습니다. 꼬리가 가장 긴 원숭이가 가지고 있는 바나나의 개수를 구하시오.

Chapter 2

무게 비교

4 무게 비교하기

초이가 무게를 비교할 수 있는 고무줄 저울을 만들었습니다.

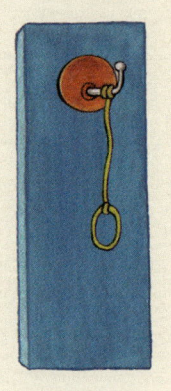

고무줄 저울 만들기

1. 막대에 벽에 붙이는 고리를 붙입니다.
2. 고무줄의 한 쪽 끝을 고리에 묶습니다.
3. 고무줄의 다른 쪽 끝을 동그랗게 묶어 물건을 끼울 수 있게 합니다.

큐브의 무게도 재어 볼 거야.

고무줄 저울에 여러 가지 물건을 달았습니다. 가장 무거운 물건에 ◯표, 가장 가벼운 물건에 △표 하시오.

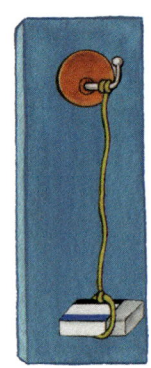
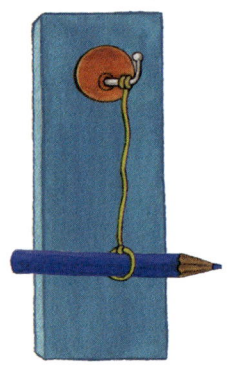
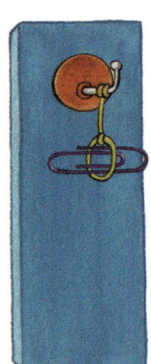

초이가 고무줄 저울에 다음 물건들을 달았을 때 고무줄이 가장 길게 늘어나는 것을 찾아 ◯표 하시오.

◑ 둘 중 더 무거운 것에 ◯표 하시오.

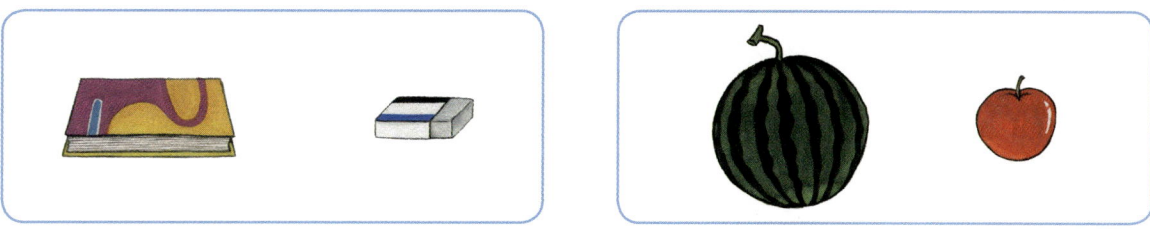

◑ 용수철 끝에 추가 매달려 있습니다. 무거운 추부터 순서대로 번호를 쓰시오.

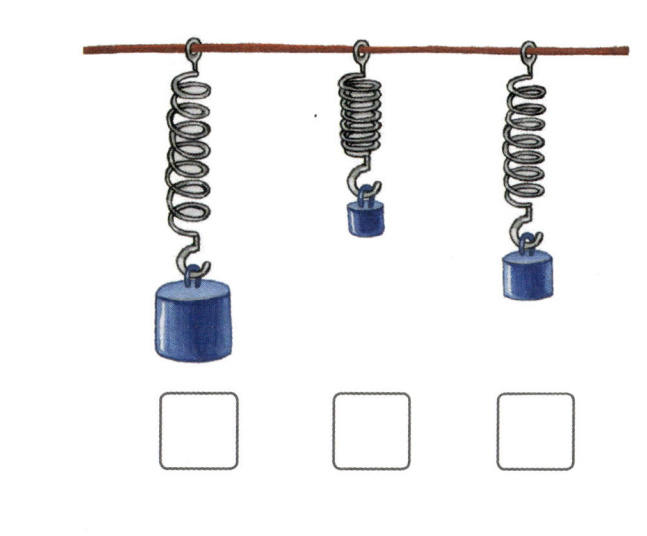

노크 포인트

무게가 무거울수록 아래로 내려가려고 하는 정도가 큽니다. 무게를 재는 도구들은 이 원리를 이용합니다.

가위가 쪽집게보다 더 무겁습니다.

클립이 만년필보다 더 가볍습니다.

비교하는 물건의 무게가 같으면 저울이 한쪽으로 내려가지 않습니다. 저울이 어느 한쪽으로 기울어지지 않을 때 평형을 이룬다고 합니다.

두 색연필의 무게가 같습니다.

지우개와 만년필의 무게가 같습니다.

 **양팔 저울**

양팔 저울 위에 있는 동물의 무게를 비교해 봅시다.

❶ 비교한 두 상자의 무게를 기호(>, =, <)를 사용하여 나타내면 편리합니다.

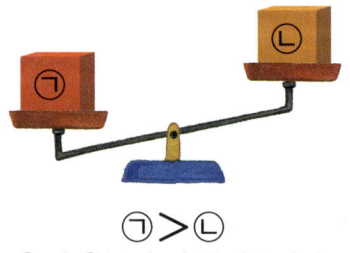  

ㄱ>ㄴ
ㄱ이 ㄴ보다 더 무겁습니다.

ㄷ=ㄹ
ㄷ과 ㄹ의 무게가 같습니다.

ㅁ<ㅂ
ㅁ이 ㅂ보다 더 가볍습니다.

❷ 동물의 무게를 비교한 그림을 보고 ◯ 안에 알맞은 기호(>, =, <)를 써넣으시오.

❸ 고양이와 사슴의 무게를 양팔 저울로 비교했을 때 올바른 그림에 ◯표 하시오.

1 동물들이 시소를 타고 있습니다. 더 무거운 동물에 ◯표 하시오.

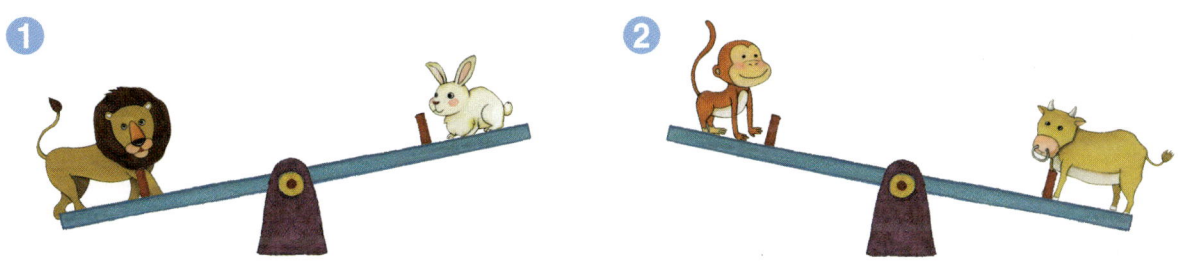

[모빌]

2 아인이네 방 천장에 2개의 모빌이 걸려 있습니다. 모빌을 보고 맞는 말에 ◯표 하고, ◯ 안에 알맞은 기호(>, =, <)를 써넣으시오.

① 자동차는 비행기보다 더 (무겁습니다 , 가볍습니다).

 ◯

② 나비는 잠자리보다 더 (무겁습니다 , 가볍습니다).

같은 듯 같지 않아

양팔 저울이 다음과 같이 평형을 이루는 경우 세 구슬의 무게를 비교해 봅시다.

❶ , 를 함께 올려서 과 무게를 비교하였더니 양팔 저울이 평형을 이룹니다. 알맞은 구슬과 말에 ◯표 하시오.

(①, ②, ③)이 가장 (무겁습니다 , 가볍습니다).

❷ , 를 양팔 저울의 양쪽에 올리고 저울이 평형을 이루도록 손가락으로 눌렀습니다. 둘 중 더 가벼운 구슬의 번호를 쓰시오.

❸ 세 구슬 중 가장 가벼운 구슬과 가장 무거운 구슬의 번호를 각각 써넣으시오.

가장 가벼운 구슬: ☐   가장 무거운 구슬: ☐

1 파란색 공과 초록색 공 중 더 무거운 공의 기호를 쓰시오.

잘 생각해 봐!

저울의 양쪽에서 똑같이 노란색 공 하나씩을 빼도 저울은 기울지 않아.

[같은 무게, 다른 무게]

2 다음 중 가장 가벼운 물건에 ◯표 하시오.

잘 생각해 봐!

숟가락 2개와 포크 1개의 무게가 같다는 건 숟가락이 포크보다 더 가볍다는 거란다.

 **무게의 순서**

지오가 장난감의 무게 순서를 알기 위해서 양팔 저울로 무게를 비교하고 있습니다.

먼저 인형과 자동차의 무게를 비교한 다음, 인형과 배의 무게를 비교하였습니다.

양팔 저울을 2번 사용했더니 인형이 가장 가볍다는 것만 알 수 있네.

지오는 무게 순서를 모두 알기 위해서 배와 자동차의 무게를 비교하였더니 자동차가 아래로 내려갔습니다. 무거운 순서대로 장난감의 이름을 쓰시오.

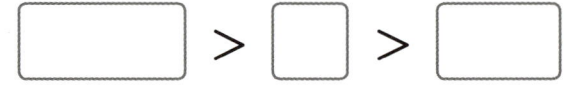

$$\boxed{} > \boxed{} > \boxed{}$$

① 저울을 보고 가장 무거운 책부터 차례로 기호를 쓰시오.

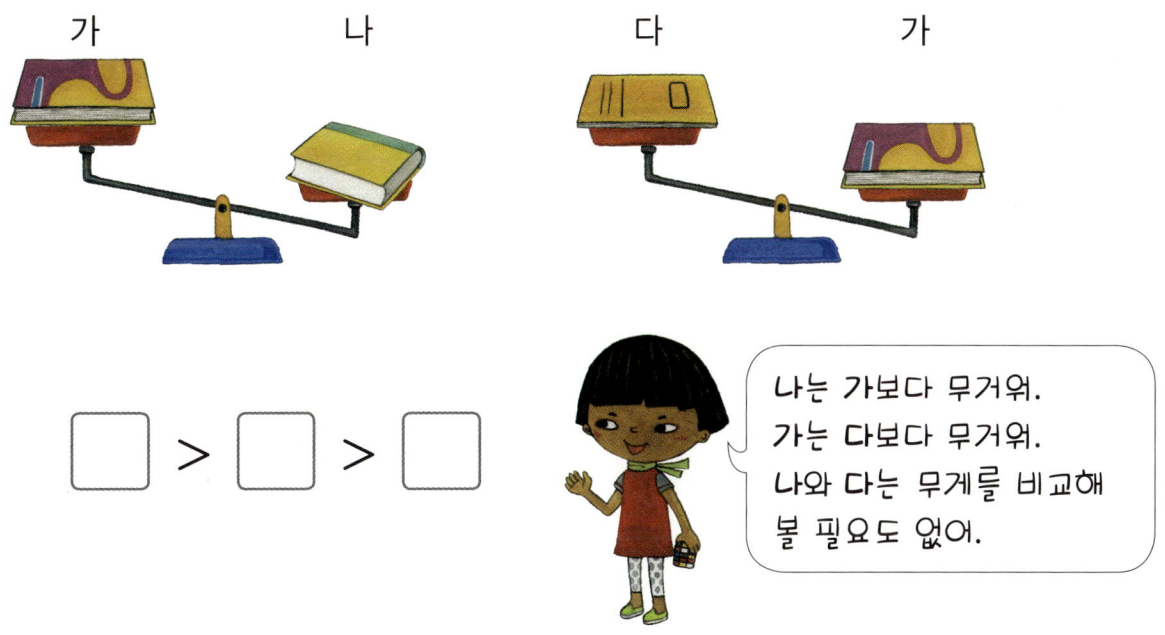

□ > □ > □

나는 가보다 무거워.
가는 다보다 무거워.
나와 다는 무게를 비교해
볼 필요도 없어.

노크 포인트

양팔 저울을 사용하여 무게를 비교하는 방법에는 직접 비교하는 방법과 다른 물건을 사용하여 비교하는 방법이 있습니다.

① 직접 비교하는 방법

② 다른 물건을 사용하여 비교하는 방법

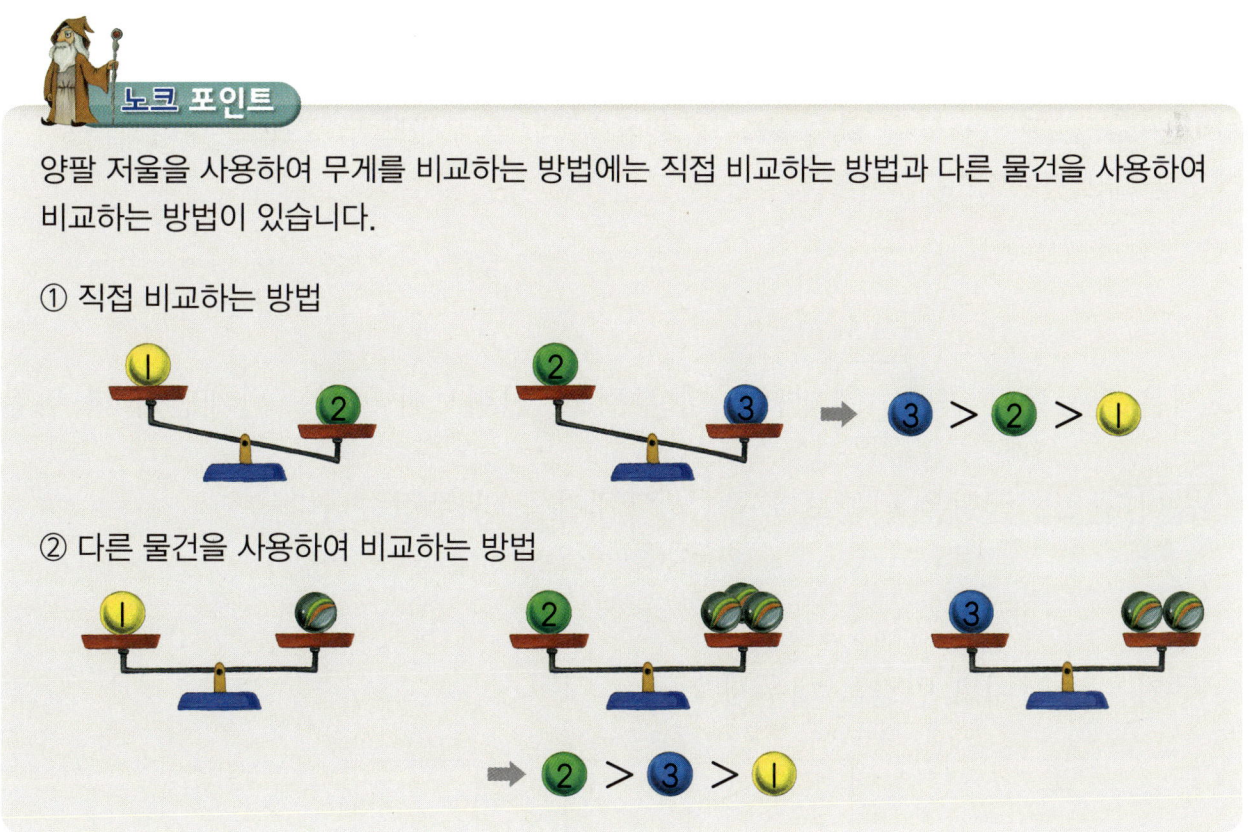

공아, 무게를 비교해 줘

작은 공과 양팔 저울을 사용하여 인형, 필통, 책의 무게를 비교해 봅시다.

❶ 왼쪽 접시에 비교할 물건을 올리고, 평형을 이루도록 오른쪽 접시에 공을 올렸습니다. 그림을 보고 ☐ 안에 알맞은 수를 써넣으시오.

인형은 공 ☐ 개의 무게와 같습니다.

필통은 공 ☐ 개의 무게와 같습니다.

책은 공 ☐ 개의 무게와 같습니다.

❷ 책은 필통보다 공 ☐ 개만큼 더 무겁고, 인형보다 공 ☐ 개만큼 더 무겁습니다. 또, 인형은 필통보다 공 ☐ 개만큼 더 무겁습니다.

❸ 무거운 순서대로 빈칸을 채우시오.

1 그림을 보고 가장 무거운 과일의 이름을 쓰시오.

[상자의 무게]

2 빨간색 상자와 파란색 상자의 무게를 비교하면 다음과 같습니다. 그림을 보고 곰, 사자, 돼지를 무거운 순서대로 쓰시오.

빨간색 상자를 파란색 상자로 바꿔서 무게를 비교하는 방법을 모르겠지?

여러 개의 무게 비교

아인이는 무게가 서로 다른 구슬 4개를 가지고 있습니다. 양팔 저울을 사용하여 구슬의 무게를 비교해 봅시다.

양팔 저울을 사용하여 구슬 4개의 무게 순서를 알아내야겠어.

아인

 가 나 다 라

❶ 아인이가 오른쪽과 같이 구슬을 놓았더니 평형을 이루었습니다. ☐ 안에 알맞은 기호를 써넣으시오.

가 , 나 , 다 중 ☐ 가 가장 무겁습니다.

❷ 다 구슬과 라 구슬을 비교하였습니다. ☐ 안에 알맞은 기호를 써넣으시오.

☐ > ☐

❸ 나 구슬과 가 구슬을 비교하였습니다. ☐ 안에 알맞은 기호를 써넣으시오.

☐ > ☐

❹ 무거운 순서대로 알맞은 기호를 써넣으시오.

☐ > ☐ > ☐ > ☐

1 시소를 탄 동물들을 보고 무거운 순서대로 ☐ 안에 번호를 써넣으시오.

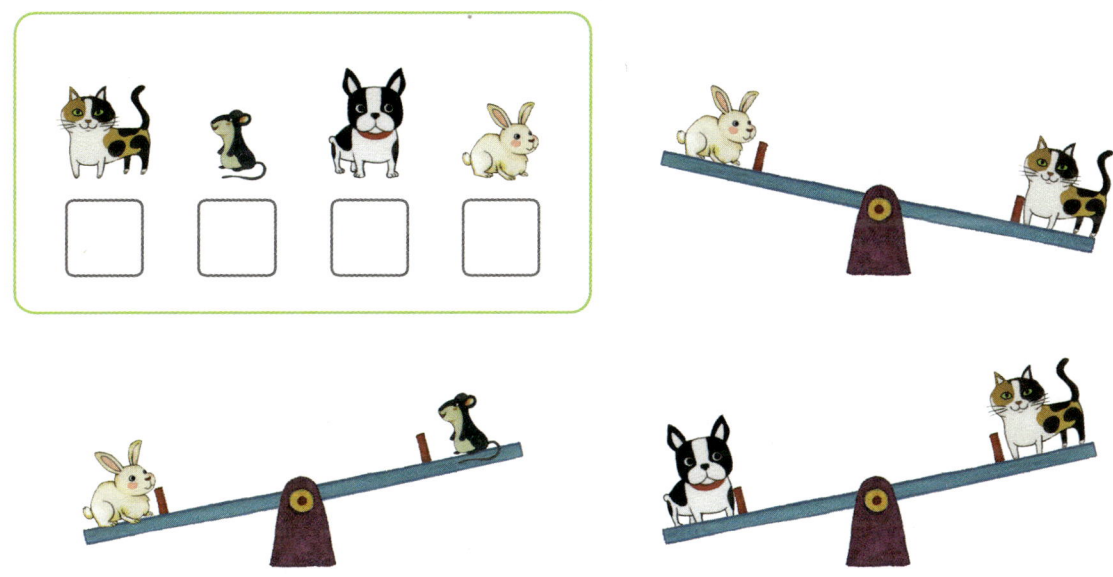

2 시소를 탄 새들을 보고 가벼운 순서대로 ☐ 안에 번호를 써넣으시오.

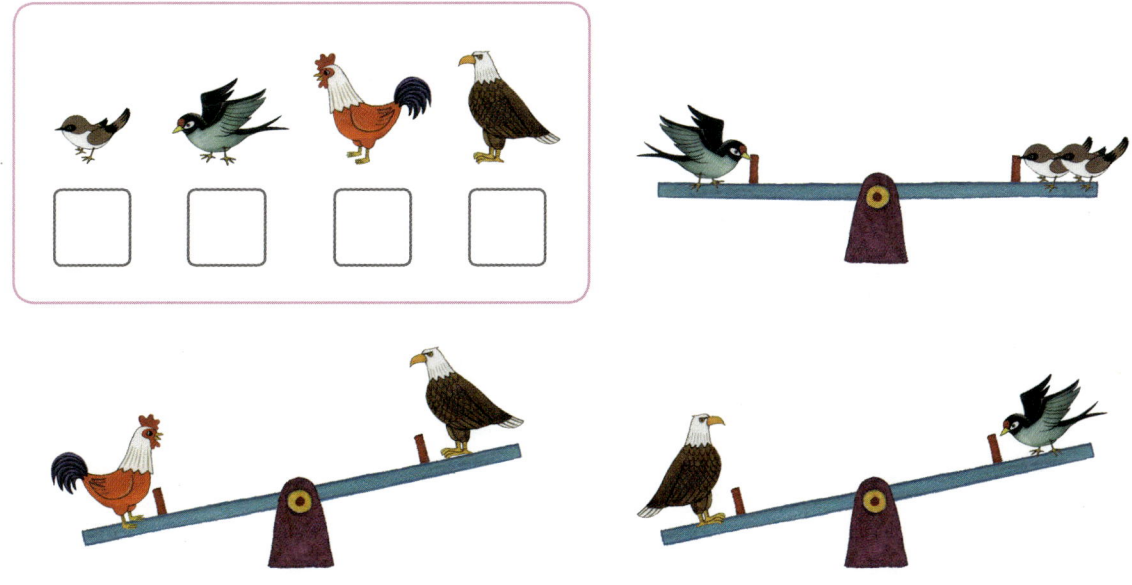

6 저울산

태경이는 양팔 저울이 평형을 이루도록 저울의 양쪽에 추를 올려 놓았습니다. 그런데 꼬마 요괴가 추 하나를 가져가버려서 저울이 한쪽으로 기울어졌습니다.

> 분명히 양쪽에 3개씩 올려두었는데…….

> 내가 가져간 추는 무엇일까?

태경이는 없어진 추의 무게를 알기 위해서 다음과 같은 식을 썼습니다. 요괴가 가져간 추의 무게를 구하시오.

$$2 + 3 + \boxed{} = 1 + 2 + 6$$

추 한 개를 옮겨서 저울이 평형을 이루도록 할 수 있습니다. 추 하나를 옮겨 평형을 이루도록 추에 알맞은 수를 써넣으시오.

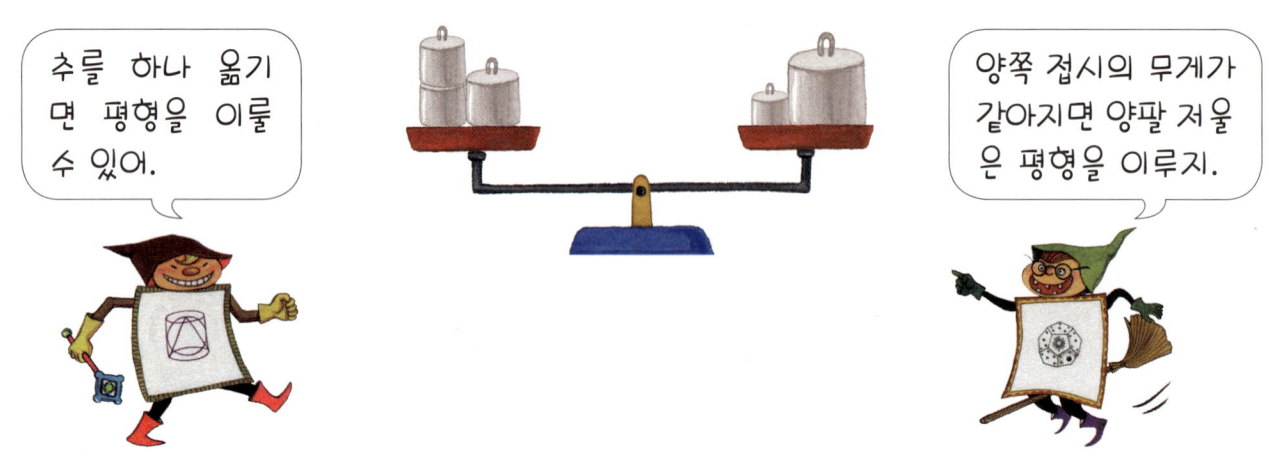

> 추를 하나 옮기면 평형을 이룰 수 있어.

> 양쪽 접시의 무게가 같아지면 양팔 저울은 평형을 이루지.

양팔 저울의 양쪽 접시의 무게가 같아지도록 무거운 쪽에서 빼야 하는 추의 무게를 쓰시오.

저울을 보고 양쪽이 같은 무게가 되기 위해 가벼운 쪽에 더해야 하는 추의 무게를 쓰시오.

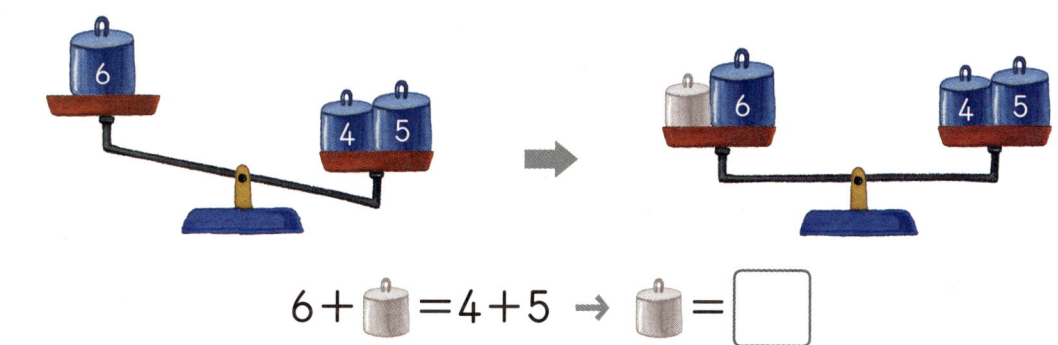

$$6 + \text{■} = 4 + 5 \rightarrow \text{■} = \boxed{}$$

노크 포인트

양팔 저울에 올린 물건의 무게를 식으로 나타낼 수 있습니다.

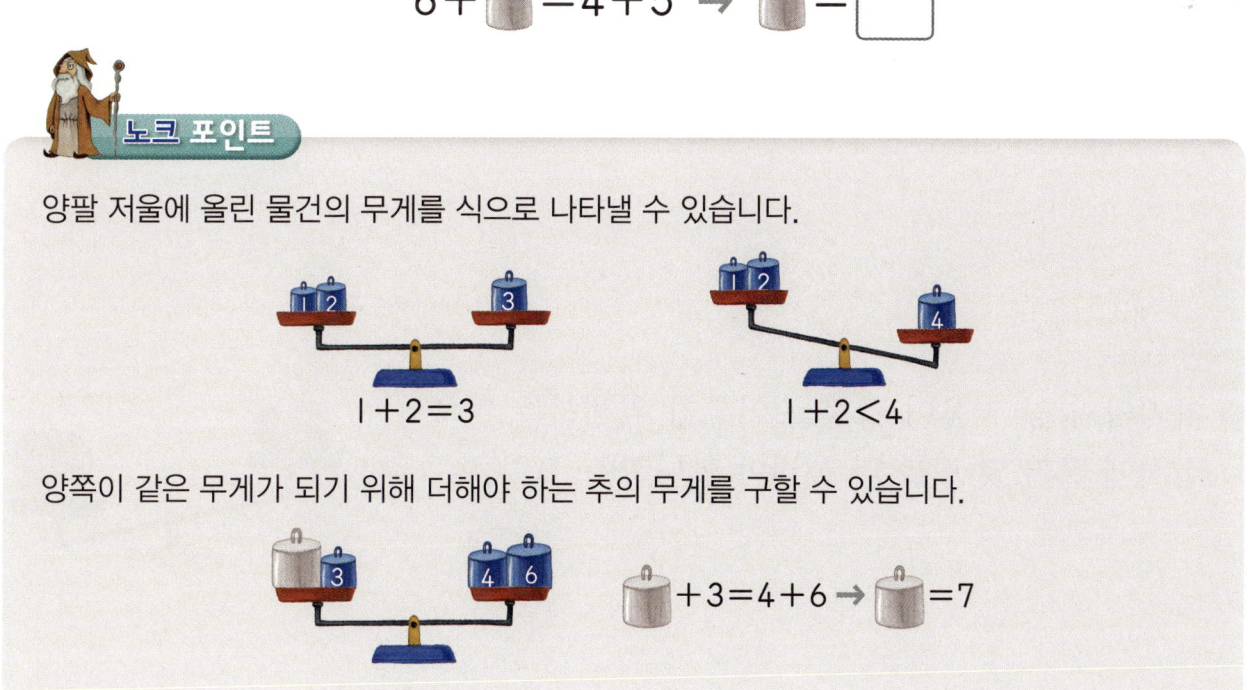

$1 + 2 = 3$

$1 + 2 < 4$

양쪽이 같은 무게가 되기 위해 더해야 하는 추의 무게를 구할 수 있습니다.

$$\text{■} + 3 = 4 + 6 \rightarrow \text{■} = 7$$

같은 것은 빼고, 바꾸고

다음은 여러 가지 과일의 무게를 비교한 것입니다. 마지막 양팔 저울에 딸기를 몇 개 더 올리면 저울이 평형을 이루는지 알아봅시다.

❶ 첫 번째 양팔 저울의 양쪽 접시에서 같은 수의 딸기 를 지워 보시오. 굴 1개는 딸기 몇 개의 무게와 같 습니까?

❷ 두 번째 양팔 저울에 굴 대신에 딸기 몇 개를 놓으 면 평형을 이루게 됩니까?

❸ 마지막 양팔 저울이 평형을 이루기 위해서는 왼쪽 접시에 딸기 몇 개를 더 올려야 합니까?

1 옥수수의 무게가 추 몇 개의 무게와 같은지 ☐ 안에 알맞은 수를 써넣으시오.

옥수수: 추 ☐ 개

> 잘 생각해 봐!
>
> 무의 무게는 추 몇 개의 무게와 같은지 생각해 봐.

[평형 만들기]

2 양팔 저울을 사용하여 빵, 피자, 햄버거의 무게를 비교한 것입니다.

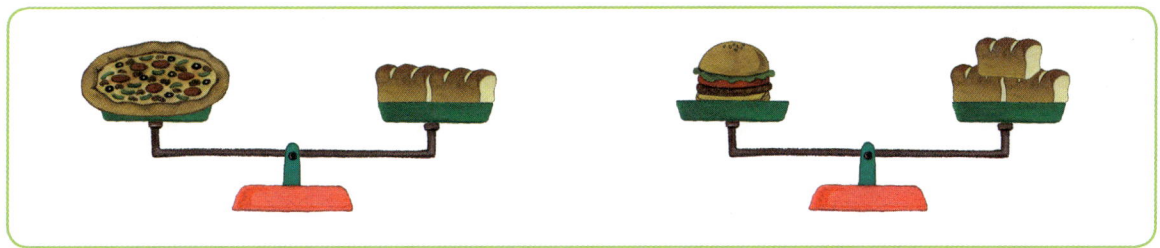

다음 저울이 평형을 이루도록 하려고 합니다. 가벼운 접시에 더 올려놓아야 하는 빵의 수를 ☐ 안에 써넣으시오.

☐ 개   ☐ 개

숫자가 지워진 추

무게가 2, 4, 6, 9인 4개의 추 가, 나, 다, 라가 있습니다. 추의 크기와 모양은 같고 무게를 나타내는 숫자는 지워져 있습니다. 추 가, 나, 다, 라의 무게를 각각 알아봅시다.

① 첫 번째 양팔 저울에서 다음을 알 수 있습니다. **라**의 무게는 얼마입니까?

$$\boxed{가} + \boxed{나} = \boxed{라}$$

② 두 번째 양팔 저울에서 다음을 알 수 있습니다. **다**의 무게는 얼마입니까?

$$\boxed{다} > \boxed{가} + \boxed{라}$$

③ ☐ 안에 알맞은 추의 무게를 모두 써넣으시오.

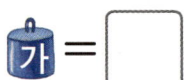 = ☐   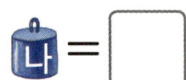 = ☐    = ☐   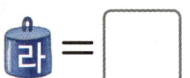 = ☐

[물의 양이 다른 컵]

1 무게가 같은 컵 ㉠, ㉡, ㉢에 들어 있는 물의 양이 각각 다릅니다. 물이 들어 있는 세 컵의 무게가 1, 2, 3 중 하나일 때, 물이 들어 있는 ㉡ 컵의 무게를 구하시오.

물이 들어 있는 ㉠ 컵의 무게를 먼저 구할 수 있단다.

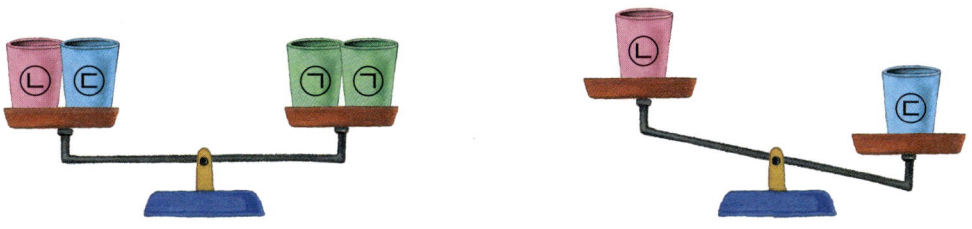

[알 수 없는 추의 무게]

2 크기는 똑같지만 무게가 1, 2, 4로 서로 다른 추 가, 나, 다가 있습니다. 추를 사용하여 무게를 잰 것을 보고, ☐ 안에 물건의 무게를 써넣으시오.

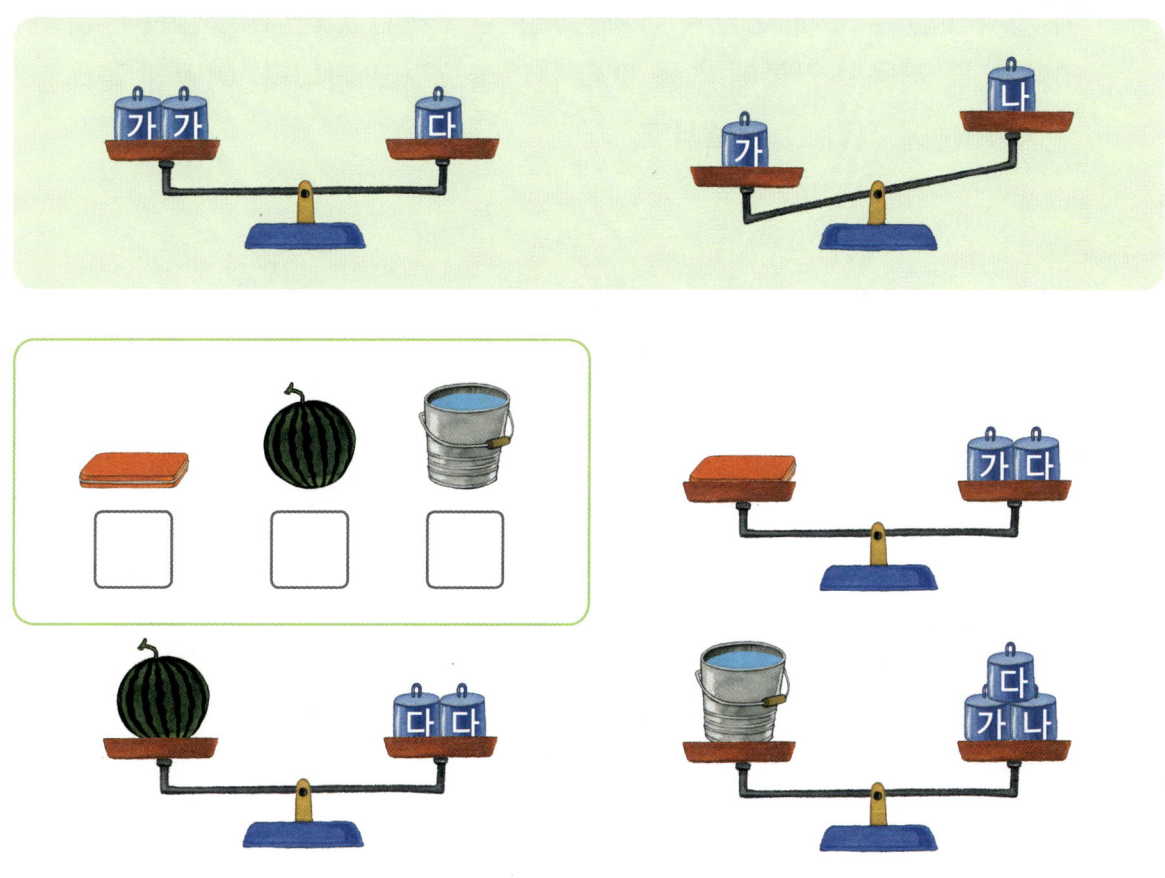

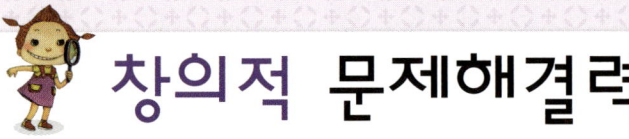

창의적 문제해결력

1 다음 저울을 보고 무거운 순서대로 번호를 써넣으시오.

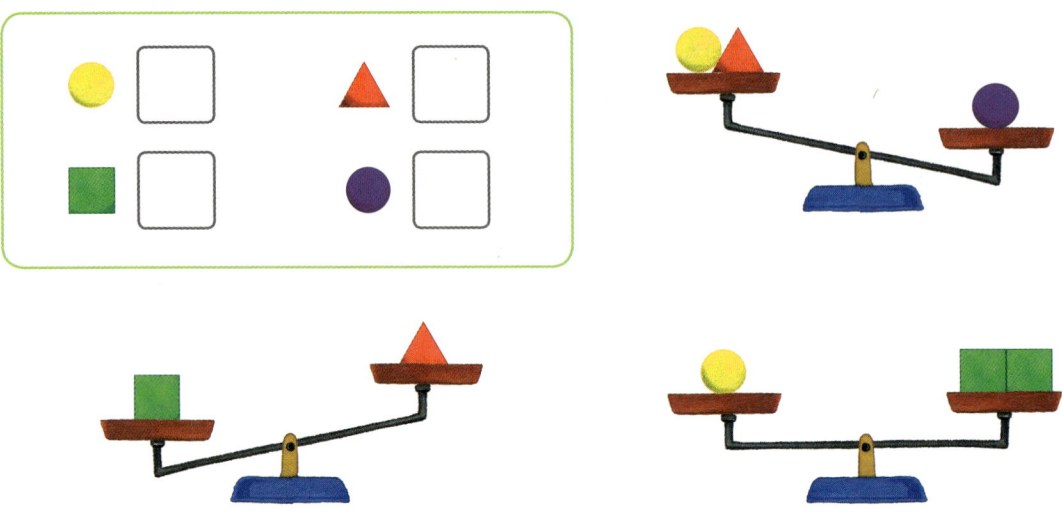

2 무게가 1인 추 3개, 2인 추 1개, 3인 추 1개가 있습니다. 양팔 저울이 평형을 이루도록 저울의 양쪽에 추를 모두 올려놓으려고 합니다. 어떻게 올려놓으면 되는지 저울에 직접 그려 보시오.

3 마지막 저울의 오른쪽 접시 위에 가 컵을 올려 저울이 평형을 이루도록 하려고 합니다. 저울에 올려야 하는 가 컵은 몇 개인지 구하시오.

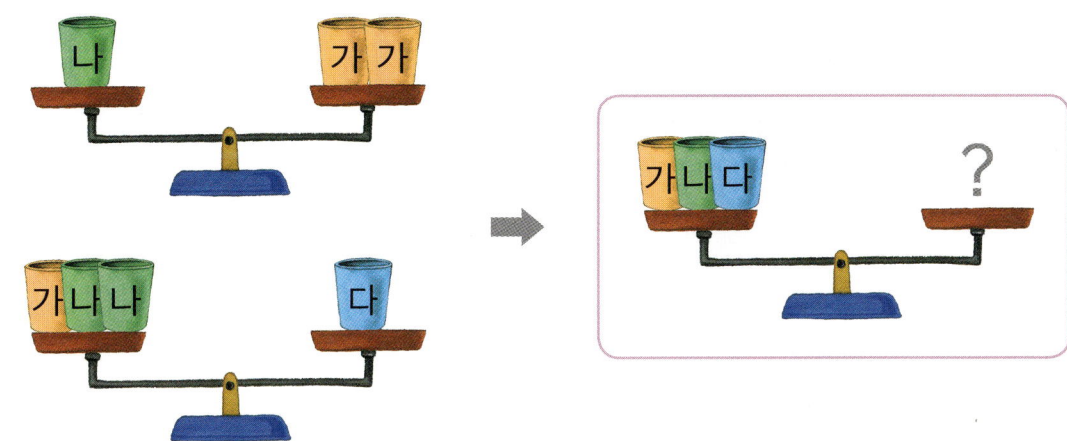

4 과일의 무게를 비교한 것입니다. 그림을 보고 무게가 같아지는 과일의 수를 ☐ 안에 써넣으시오.

Chapter 3

여러 가지 비교

7 들이 비교

한입 요괴와 딴소리 요괴가 자신의 컵에 더 많은 물을 담을 수 있다고 합니다.

내 컵이 더 넓잖아.

한입 요괴

내 컵이 더 깊어.

딴소리 요괴

아인이가 한입 요괴의 넓적한 컵에 물을 가득 넣어서 비어 있는 딴소리 요괴의 컵에 옮겨 부었습니다.

컵이 가득 차지 않았군! 그러면 …….

아인

더 많은 물을 담을 수 있는 컵은 한입 요괴의 넓적한 컵일까요? 아니면 딴소리 요괴의 길쭉한 컵일까요?

아인이가 위와는 반대로 길쭉한 컵에 물을 가득 채워서 넓적한 컵에 부으면 어떻게 될까요?

물이 가장 많이 들어 있는 컵의 기호를 쓰시오.

더 많은 물이나 우유를 담을 수 있는 것에 ○표 하시오.

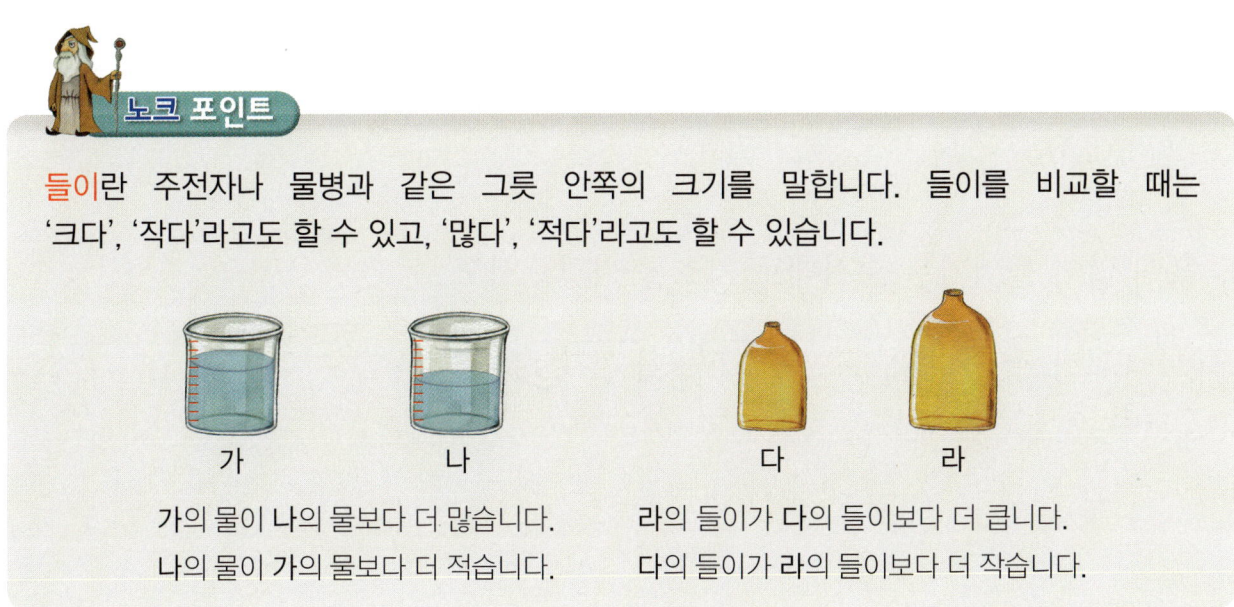

노크 포인트

들이란 주전자나 물병과 같은 그릇 안쪽의 크기를 말합니다. 들이를 비교할 때는 '크다', '작다'라고도 할 수 있고, '많다', '적다'라고도 할 수 있습니다.

가   나   다   라

가의 물이 **나**의 물보다 더 많습니다.   **라**의 들이가 **다**의 들이보다 더 큽니다.
나의 물이 **가**의 물보다 더 적습니다.   다의 들이가 **라**의 들이보다 더 작습니다.

모양이 다른 그릇의 들이

높이와 바닥에 닿는 면의 모양과 크기는 같고, 전체 모양은 다른 화분 3개가 있습니다.
화분의 들이를 비교해 봅시다.

가   나   다

❶ 화분 **가**와 **나**를 함께 그려서 모양을 비교하였습니다.
  어느 화분의 들이가 더 큽니까?

❷ 화분 **가**와 **다**를 함께 그려서 모양을 비교하였습니다.
  어느 화분의 들이가 더 큽니까?

❸ 흙이 많이 들어가는 순서대로 기호를 써넣으시오.

1 탁자 위에 뒤집은 모양이 같은 컵 2개가 있습니다. 두 컵에 높이가 같게 물을 담았습니다. 더 많은 물을 담은 컵에 ◯표 하시오.

[꽃병의 들이]

2 지오는 어머니와 함께 시장에서 꽃병 3개를 사왔습니다. 물을 가장 많이 담을 수 있는 병부터 차례로 기호를 써넣으시오.

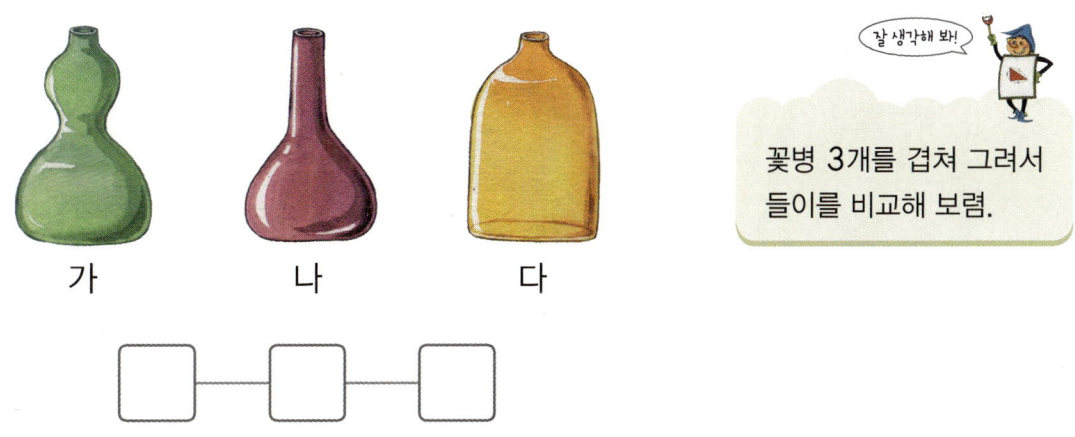

가   나   다

잘 생각해 봐!

꽃병 3개를 겹쳐 그려서 들이를 비교해 보렴.

구슬이 들어 있는 그릇의 들이

물이 들어 있는 비커에 초록색 구슬과 빨간색 구슬을 넣으면 물의 높이가 각각 다음과
같이 변합니다.

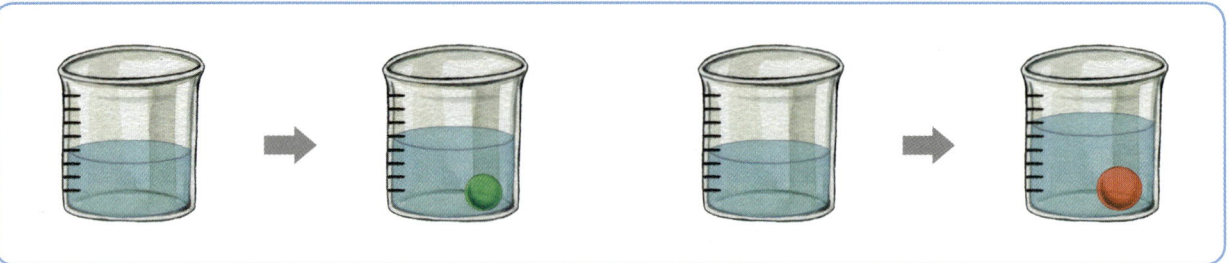

비커 3개에 물을 부은 다음 비커 2개에는 각각 구슬을 넣었습니다. 세 비커에 들어 있
는 물의 양을 비교해 봅시다.

❶ **나** 비커와 **다** 비커에서 구슬을 모두 뺐을 때의 물의 양을 각각 그려 보시오.

초록색 구슬을 넣으면 물의 높이가
1칸 올라가네. 빨간색 구슬을 넣으
면 물의 높이가 몇 칸 올라가는지
알아보렴.

❷ 물이 많이 들어 있는 순서대로 기호를 쓰시오.

[같아진 물의 높이]

1 똑같은 컵 3개에 다음과 같이 물이 담겨 있습니다. 컵에 크기가 다른 구슬을 하나씩 넣었더니 물의 높이가 모두 같아졌습니다. 가장 큰 구슬을 넣은 컵의 기호를 쓰시오.

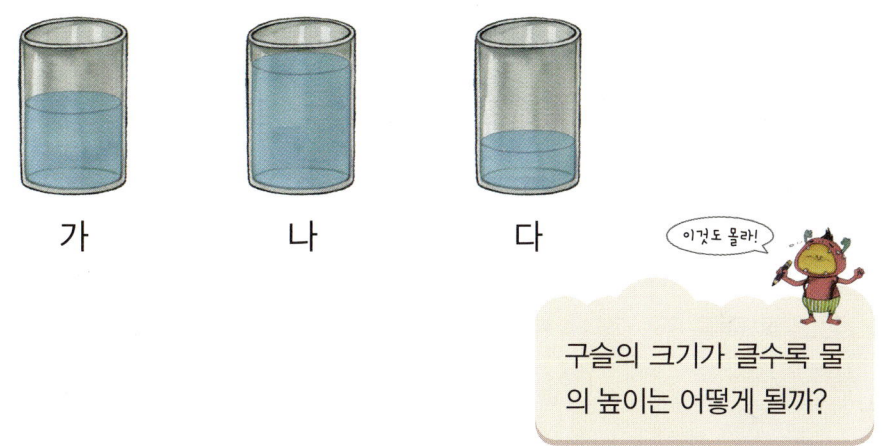

가　　　　나　　　　다

> 이것도 몰라!
>
> 구슬의 크기가 클수록 물의 높이는 어떻게 될까?

[높이의 변화]

2 물이 들어 있는 비커에 공을 넣었더니 다음과 같이 물의 높이가 높아졌습니다. 물이 많이 들어 있는 순서대로 기호를 쓰시오.

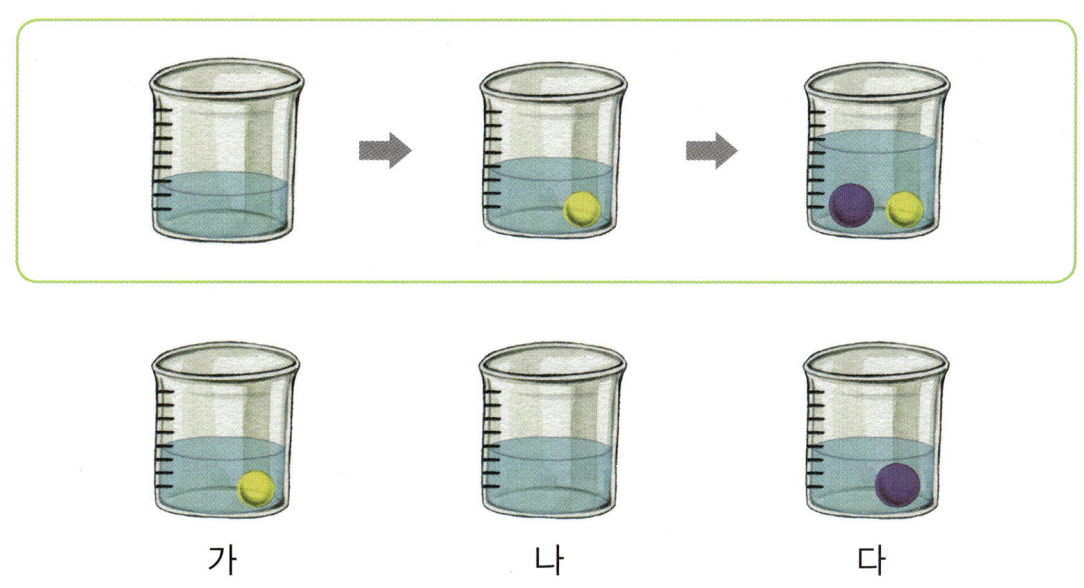

가　　　　나　　　　다

 **넓이 비교**

대마왕과 꼬마 요괴가 피자 가게를 열었습니다. 이 가게에서는 피자를 재미있는 모양으로 잘라서 팔고 있습니다.

많이 사먹도록!

대마왕

가격은 모두 같단다.

한입 요괴

태경이네 가족이 대마왕 피자 가게에 피자를 먹으러 갔습니다. 모두 같은 값이라면 어떤 모양의 피자를 시키는 것이 좋을까요? 가장 넓은 피자에 ◯표 하시오.

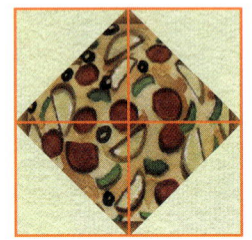
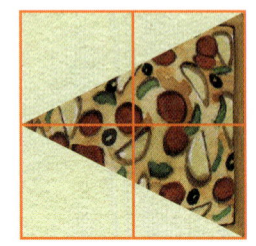
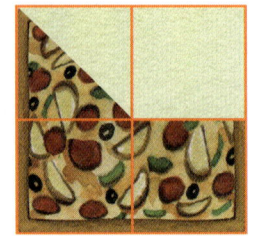
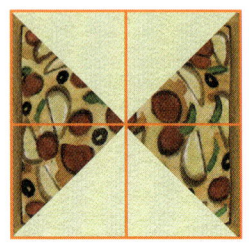

둘 중 더 넓은 것은 ◯표, 더 좁은 것은 △표 하시오.

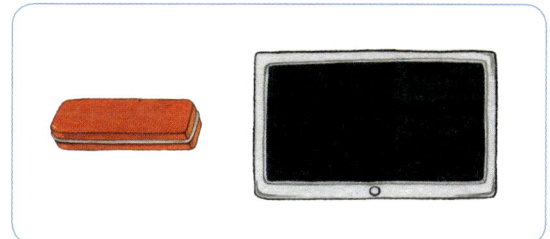

색종이를 붙여서 다음과 같은 모양을 만들었습니다. 왼쪽보다 색종이를 적게 사용한 것의 기호를 모두 쓰시오.

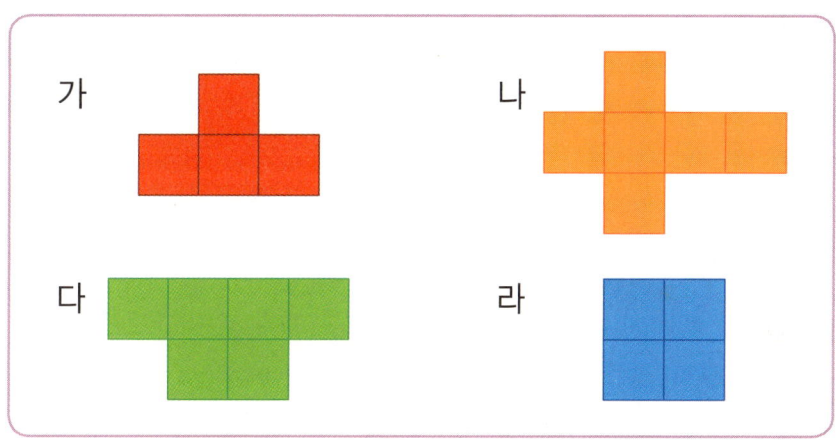

 노크 포인트

넓이를 비교할 때에는 '넓다', '좁다'와 같은 말을 사용합니다. 넓이는 직접 대어 보거나 크기와 모양을 보고 비교할 수도 있고, 크기와 모양이 같은 조각의 수를 세어 비교할 수도 있습니다.

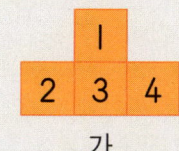

수학책이 수첩보다 더 넓습니다.
수첩은 수학책보다 더 좁습니다.

가 모양이 나 모양보다 더 넓습니다.
나 모양이 가 모양보다 더 좁습니다.

개수 세어 넓이 비교하기

초이는 다음과 같은 조각을 사용하여 여러 가지 모양을 만들었습니다. 초이가 만든 모양의 넓이를 비교하여 봅시다.

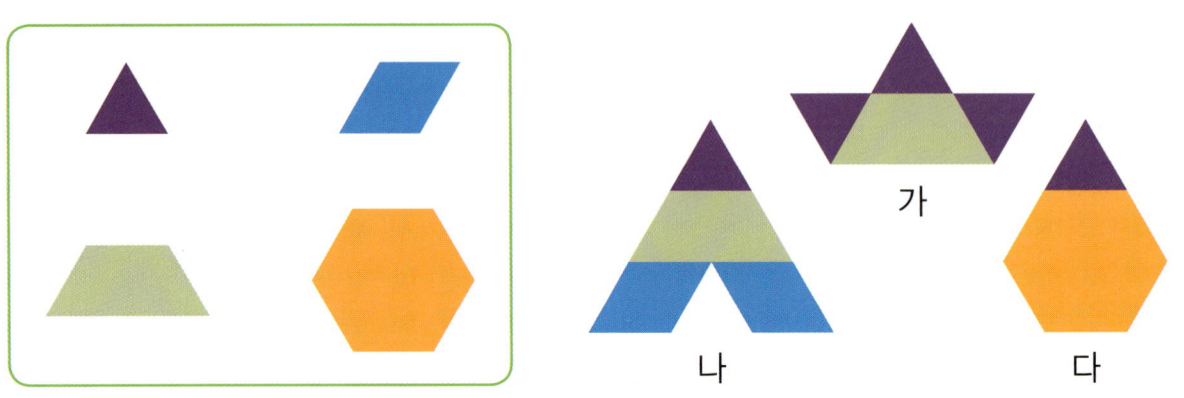

❶ 모양을 만드는 데 사용한 각 조각의 넓이가 ▲ 조각 몇 개의 넓이와 같은지 ☐ 안에 알맞은 수를 써넣으시오.

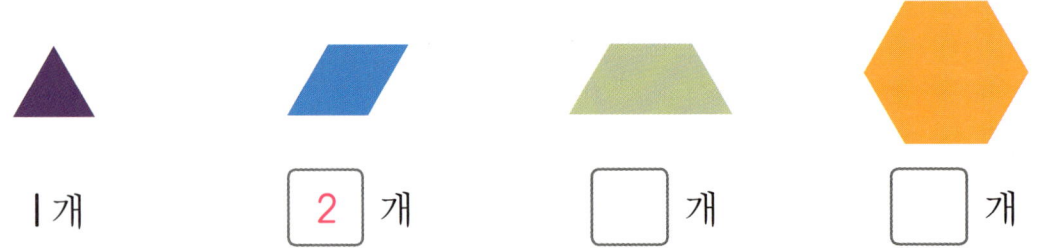

조각	개수
▲	|개
파랑	2 개
연두	☐ 개
주황	☐ 개

❷ 초이가 만든 모양은 각각 ▲ 조각 몇 개의 넓이와 같은지 구하시오.

가: ☐ 개   나: ☐ 개   다: ☐ 개

❸ 넓은 모양부터 순서대로 기호를 써넣으시오.

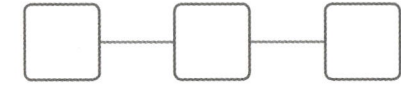

1 주어진 조각을 사용하여 만든 모양입니다. 모양을 만드는 데 사용한 조각의 수를 써넣으시오.

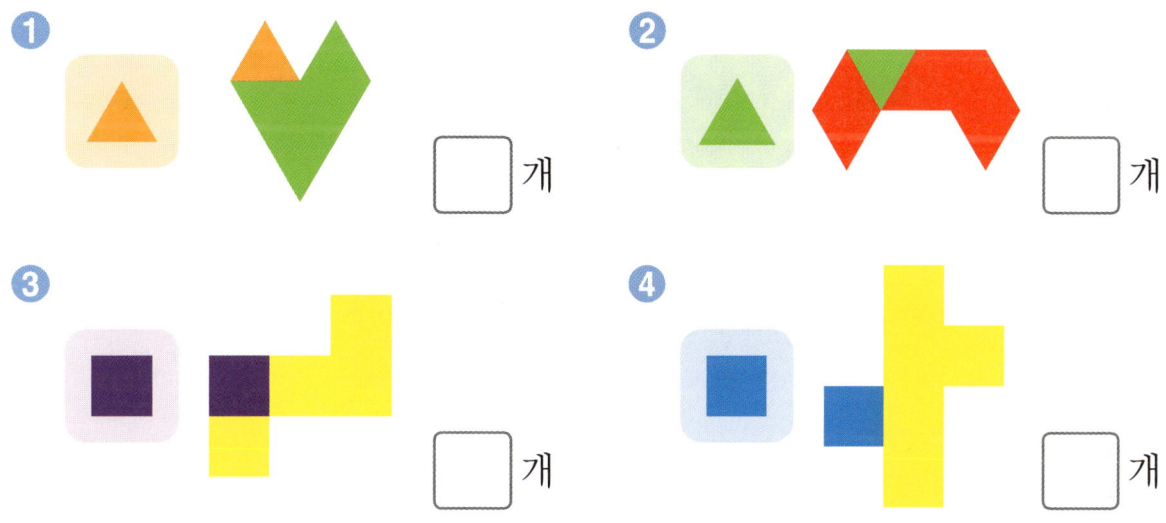

① ☐ 개

② ☐ 개

③ ☐ 개

④ ☐ 개

[땅 따먹기]

2 태경이, 지오, 아인이, 초이가 땅따먹기 놀이를 하였습니다. 가장 넓은 땅을 가진 사람의 이름을 쓰시오.

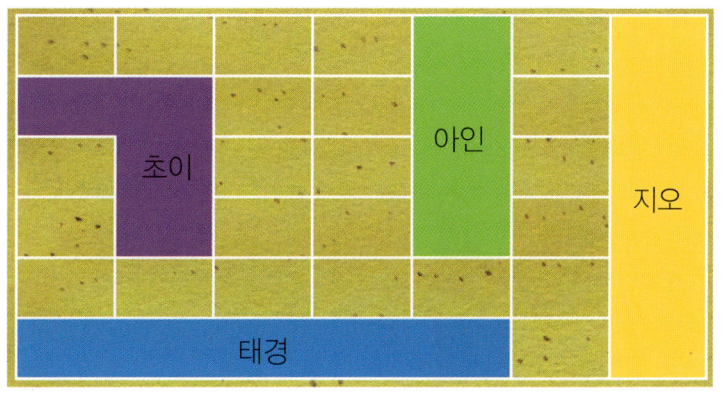

잘 생각해 봐!

작은 칸 몇 개의 넓이와 같은지 세어 보면 넓이를 비교할 수 있단다.

칠교 조각의 넓이

다음 일곱 조각은 칠교라고 하며, 중국에서는 '지혜의 판', 유럽에서는 '탱그램'이라고 불립니다.

위 그림에서 가장 작은 조각의 넓이를 1이라고 할 때, 다른 조각의 넓이를 모두 구하시오.

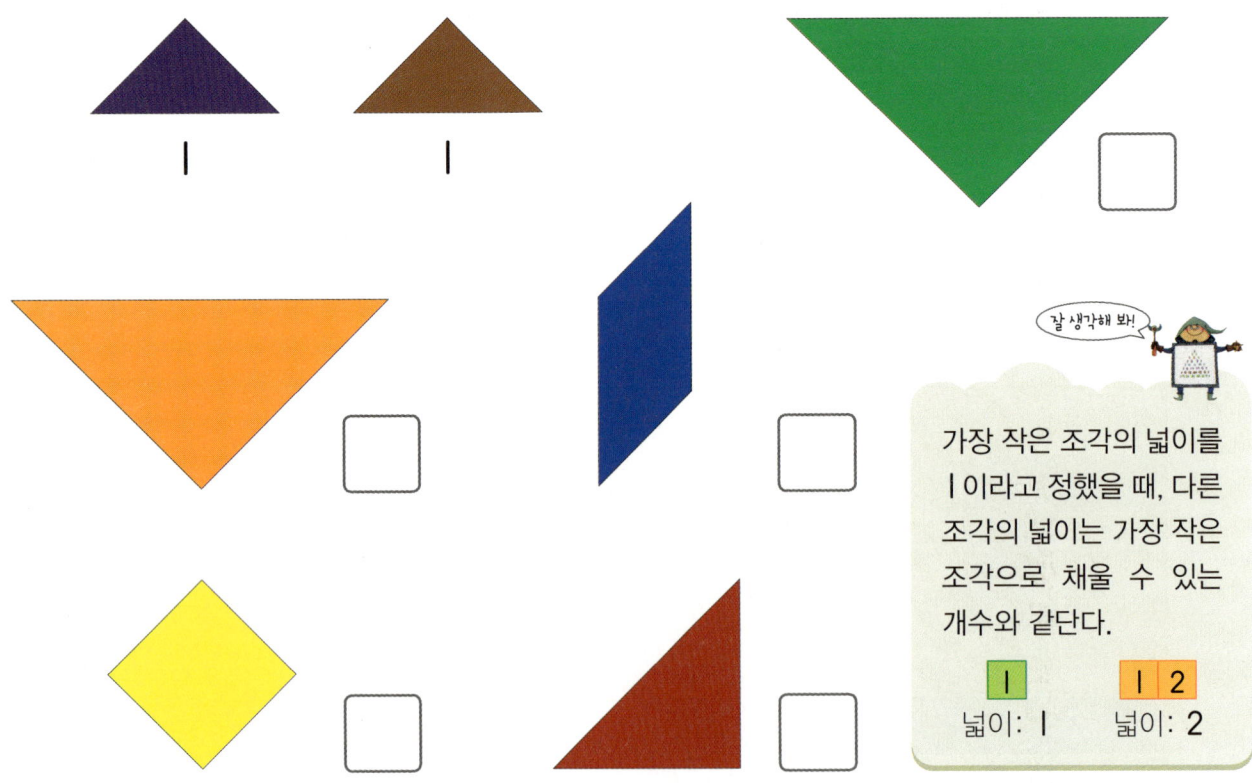

1 가장 작은 조각의 넓이를 |이라고 할 때, 다음 도형의 넓이를 구하시오.

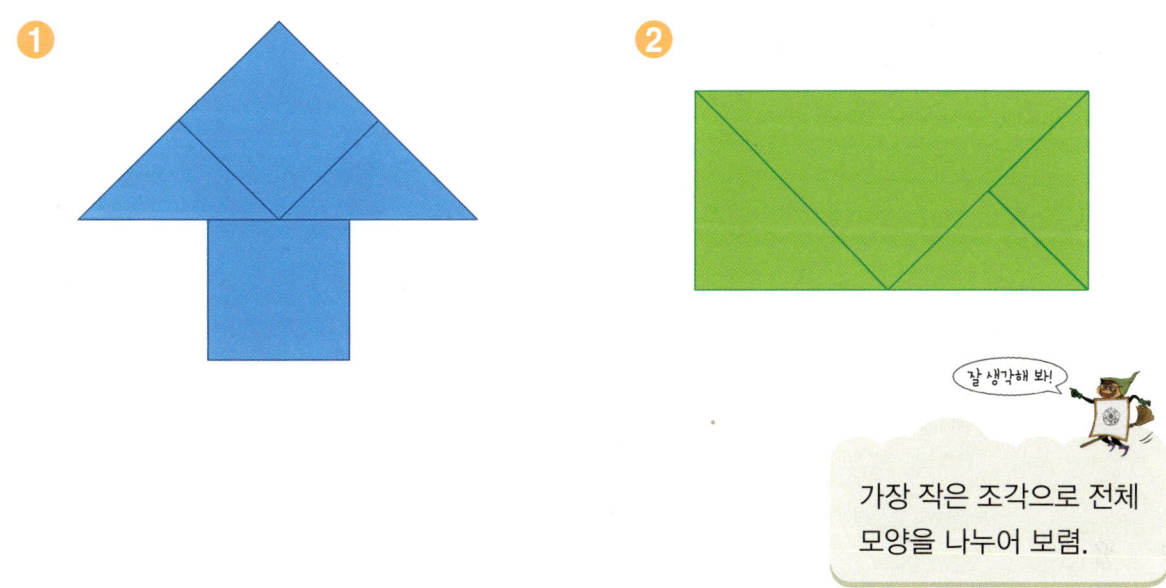

❶　　　　　❷

잘 생각해 봐!

가장 작은 조각으로 전체
모양을 나누어 보렴.

[모눈 위의 도형]

2 모눈 한 칸의 넓이를 |이라고 할 때, 색칠한 도형의 넓이를 구하시오.

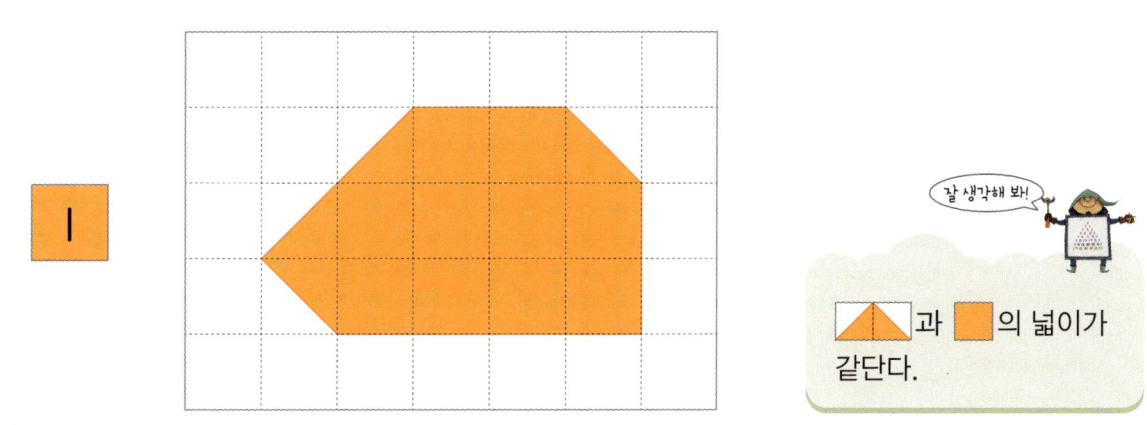

잘 생각해 봐!

△과 의 넓이가
같단다.

9 여러 가지 비교

동요 '원숭이 엉덩이는 빨개'는 특징을 연결하여 만든 노래입니다.

원숭이 엉덩이는 빨개
빨가면 사과
사과는 맛있어
맛있으면 바나나
바나나는 길어
길면 기차
기차는 빨라
빠르면 비행기
비행기는 높아
높으면 백두산

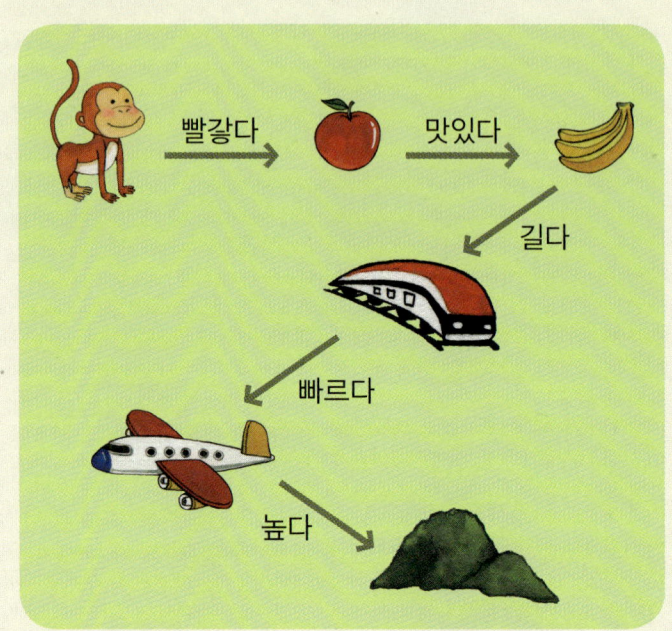

백두산에서 시작하여 여러 가지 비교를 합니다. 안에서 알맞은 말을 찾아 안에 써넣으시오.

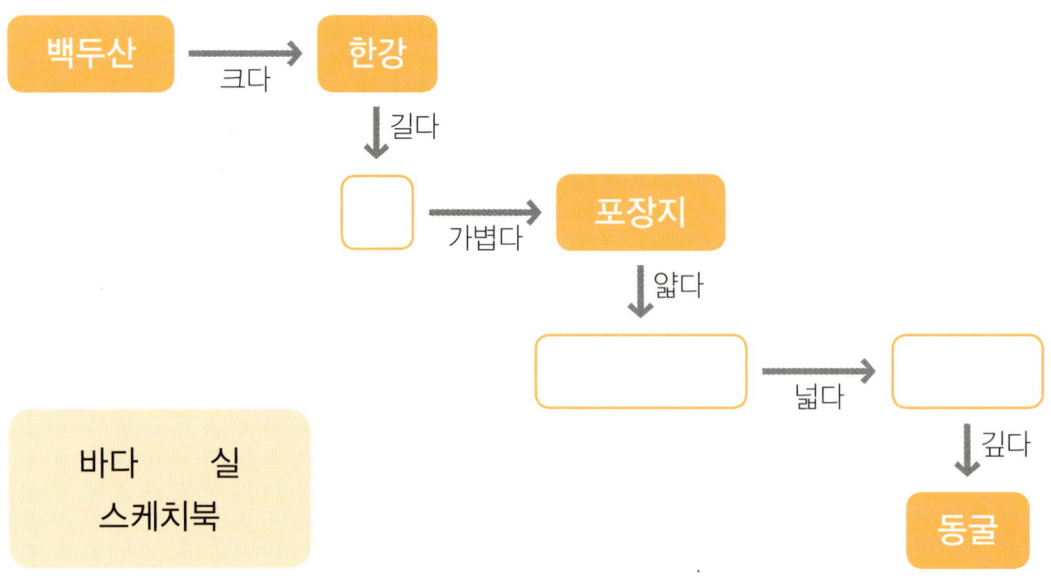

🌀 ☐ 안에 알맞은 말을 써넣으시오.

높이	두께	굵기
높다. > 낮다.	☐ > 얇다.	굵다. > ☐
깊이	**키**	**거리**
깊다. > ☐	크다. > ☐	멀다. > ☐
길이	**무게**	**넓이**
☐ > 짧다.	☐ > 가볍다.	☐ > 좁다.

노크 포인트

같은 물건도 여러 가지로 비교할 수 있습니다.

풍선은 야구공보다 크기가 더 큽니다.
풍선은 야구공보다 무게가 더 가볍습니다.

물통은 유리컵보다 들이가 더 큽니다.
물통은 유리컵보다 무게가 더 가볍습니다.
물통은 유리컵보다 깊이가 더 깊습니다.

여러 가지 비교하기

여러 가지를 함께 비교해 봅시다.

지오의 필통에 들어 있는 물건입니다.

만년필
연 필
색연필

❶ 가장 긴 것과 가장 짧은 것은 각각 무엇입니까?

가장 긴 것: ☐   가장 짧은 것: ☐

❷ 가장 굵은 것과 가장 가는 것은 각각 무엇입니까?

가장 굵은 것: ☐   가장 가는 것: ☐

지오의 책상 위에 있는 물건입니다.

색종이   동화책   수첩   스케치북

❶ 가장 두꺼운 것과 가장 얇은 것은 각각 무엇입니까?

가장 두꺼운 것: ☐   가장 얇은 것: ☐

❷ 가장 넓은 것과 가장 좁은 것은 각각 무엇입니까?

가장 넓은 것: ☐   가장 좁은 것: ☐

1 비교할 때 쓰는 말끼리 선으로 이으시오.

- 두껍다. / 얇다.
- 길다. / 짧다.
- 무겁다. / 가볍다.
- 높다. / 낮다.

[더 깊은 바다]

2 바다 아래를 나타낸 것입니다. 배가 있는 곳의 물의 깊이보다 더 깊은 곳의 기호
를 모두 쓰시오.

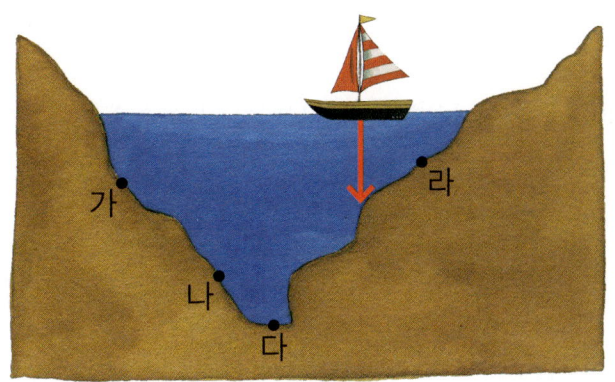

잘 생각해 봐!

짝지어 비교하기

그림에서 두 가지를 짝지어 비교해 봅시다.

가 나 다

라 마 바

① **가**와 **마**를 비교한 것입니다. 알맞은 말에 ◯표 하시오.

● **가**는 **마**보다 더 (큽니다 , 작습니다).

● **가**는 **마**보다 더 (무겁습니다 , 가볍습니다) .

② **가**에서 **바**까지 중 **2**개씩을 짝지어 비교하여 '무엇은 무엇보다 더 어떻습니다.' 와 같은 문장을 **4**개 만들어 보시오.

● <u>　바　</u> 은(는) <u>　다　</u> 보다 더 <u>　넓습니다　　　　　　　　　</u> .

● <u>　　　　</u> 은(는) <u>　　　　</u> 보다 더 <u>　　　　　　　　　　　　</u> .

● <u>　　　　</u> 은(는) <u>　　　　</u> 보다 더 <u>　　　　　　　　　　　　</u> .

● <u>　　　　</u> 은(는) <u>　　　　</u> 보다 더 <u>　　　　　　　　　　　　</u> .

[두 가지의 비교]

1 두 가지를 비교할 때 알맞은 말에 ◯표 하시오.

①

기린의 목은 원숭이의 목보다
더 (깁니다 , 넓습니다).

②

실은 연필보다
더 (가늡니다 , 낮습니다).

③

텔레비전은 공책보다
더 (많습니다 , 넓습니다).

④

축구공은 야구공보다
더 (굵습니다 , 큽니다).

[올바른 표현]

2 올바르게 비교한 것의 기호를 쓰시오.

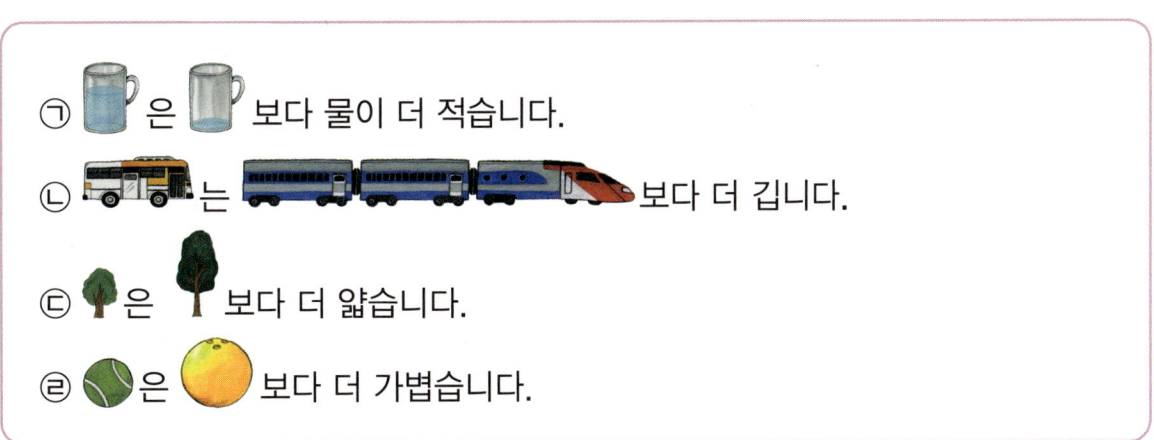

㉠ 🥛 은 🥛 보다 물이 더 적습니다.

㉡ 🚌 는 🚄 보다 더 깁니다.

㉢ 🌳 은 🌲 보다 더 얇습니다.

㉣ 🎾 은 🍊 보다 더 가볍습니다.

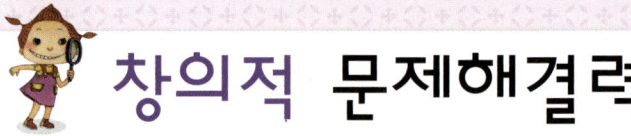

1 크기가 모두 다른 병 ㉠, ㉡, ㉢, ㉣이 있습니다. 다음을 읽고 물을 가장 많이 담을 수 있는 병의 기호를 쓰시오.

> ㉠은 ㉡에 물을 가득 채워서 **3**번 부으면 가득 찹니다.
> ㉢은 ㉡에 물을 가득 채워서 **2**번 부으면 가득 찹니다.
> ㉣에 물을 가득 채워서 ㉡에 부으면 반만 찹니다.

2 초이, 태경이, 아인이가 모두 같은 크기의 주스 **1**캔을 샀습니다. 세 사람이 마시고 남은 주스를 각자 다른 병에 담았습니다. 가장 주스를 많이 마신 사람의 이름을 쓰시오.

초이　　　　　태경　　　　　아인

3 도화지에 파란색, 빨간색, 초록색 물감을 칠했습니다. 가장 많이 사용한 물감의 색을 구하시오.

4 지오와 태경이의 대화에서 잘못된 말에 밑줄을 긋고 바르게 고치시오.

지오

> 텔레비전에서 백설공주와 일곱 난쟁이를 봤는데 일곱 난쟁이들의 키가 정말 낮았어.

> 그거 나도 봤어. 백설공주가 너무 가엽더라고. 독이 든 사과를 백설공주가 한 입 깨무는 순간……. 너무 안타까웠어!

태경

> 나는 마녀가 높은 거울에 대고 '거울아 거울아~' 하는데 너무 얄밉더라고.

> 백설공주가 길이가 무거운 침대에 누워 있는데 제발 공주가 다시 살아나길 마음 속으로 빌었어.

> 그래도 마지막에 멋진 왕자님이 나타나서 모두 행복하게 끝나 다행이야. 정말 재미있었어!

Chapter 4

시계 보기

여러 가지 시계

아인이가 시계 가게에서 여러 가지 시계를 구경하고 있습니다. 바늘과 숫자가 모두 있는 시계도 있고, 숫자가 없는 시계도 있습니다.

숫자와 바늘은 같은데 크기와 모양이 다양해요.

숫자가 빠져 있는 시계도 있어요. 시계를 보기 불편하겠어요.

눈금만 봐도 몇 시인지 알 수 있단다.

바늘이 없고 숫자만 있는 시계도 있고, 숫자 대신 다른 글자가 있는 시계도 있습니다.

오른쪽 시계의 글자는 로마 숫자란다.

아인이가 구경한 시계 중 나타내는 시각이 다른 시계와 다른 하나를 찾아 ○표 하시오.

 현재 시각을 알 수 없는 것에 ◯표 하시오.

 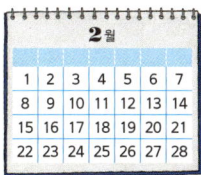  

 8시를 나타내는 시계는 모두 몇 개인지 구하시오.

 노크 포인트

여러 가지 시계가 있지만 시각을 읽는 방법은 모두 같습니다. 숫자가 없는 시계와 로마 숫자가 있는 시계도 눈금이 나타내는 시각은 같습니다.

6시 30분 6시 30분 6시 30분 6시 30분

숫자가 없는 시계는 바늘이 벌어진 정도를 이용하여 시각을 읽을 수 있습니다.

8시

몸으로 시각을 나타낼 수 있습니다.

3시

디지털 시계와 모형 시계

다음은 디지털 시계에 사용하는 숫자입니다. 디지털 시계와 모형 시계에 같은 시각을 나타내어 봅시다.

❶ 디지털 시계의 선을 색칠하여 모형 시계와 같은 시각을 나타내시오.

❷ 모형 시계에 바늘을 그려 디지털 시계와 같은 시각을 나타내시오.

1 같은 시각을 나타내는 시계끼리 선으로 이으시오.

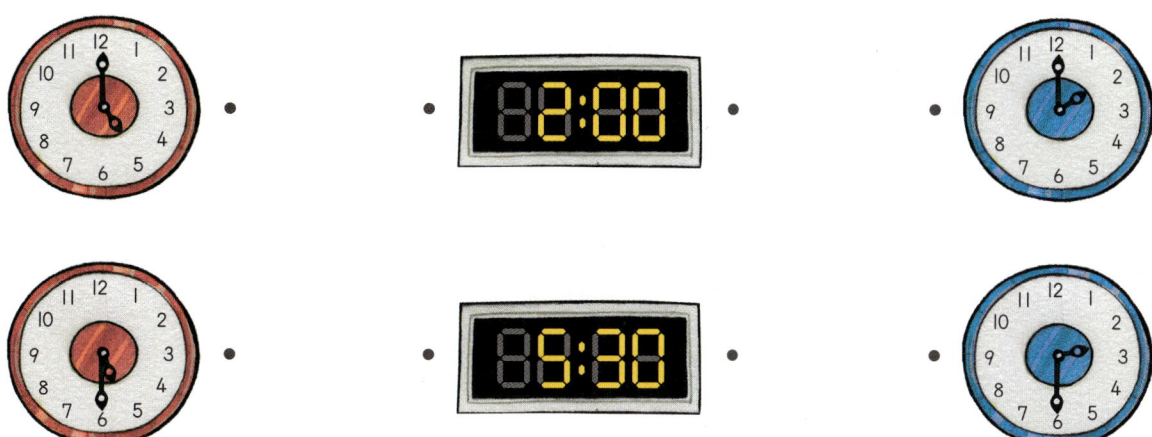

[거꾸로 있는 시계]

2 초이네 방에 디지털 시계가 거꾸로 놓여 있습니다. 거꾸로 된 디지털 시계를 보고 시계에 바늘을 그려 올바른 시각을 나타내시오.

이것도 몰라!

책을 거꾸로 뒤집어서 보면 시각을 알 수 있지.

 # 시곗바늘

시계의 짧은바늘과 긴바늘이 벌어진 정도를 이용하여 시각을 읽어 봅시다.

1 숫자가 없는 벽걸이 시계가 있습니다. 짧은바늘과 긴바늘의 위치를 보고 시각을 구하시오.

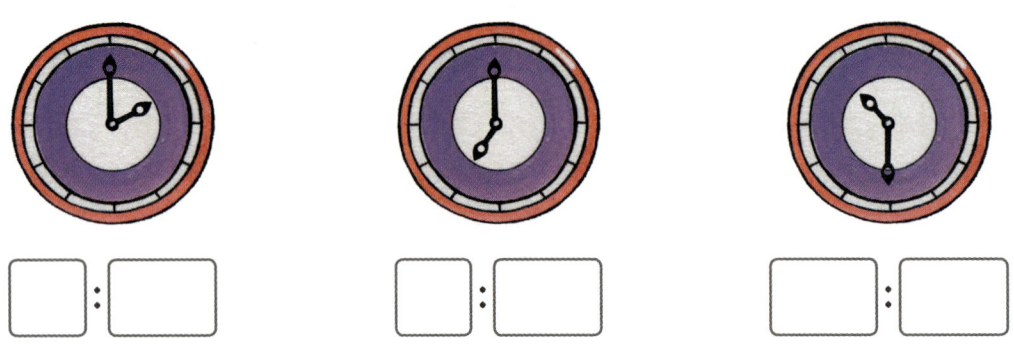

☐ : ☐   ☐ : ☐   ☐ : ☐

2 벽걸이 시계를 바닥에 두었더니 12를 가리키는 눈금이 어디인지 알 수가 없습니다. 시계가 가리키는 시각을 구하시오.

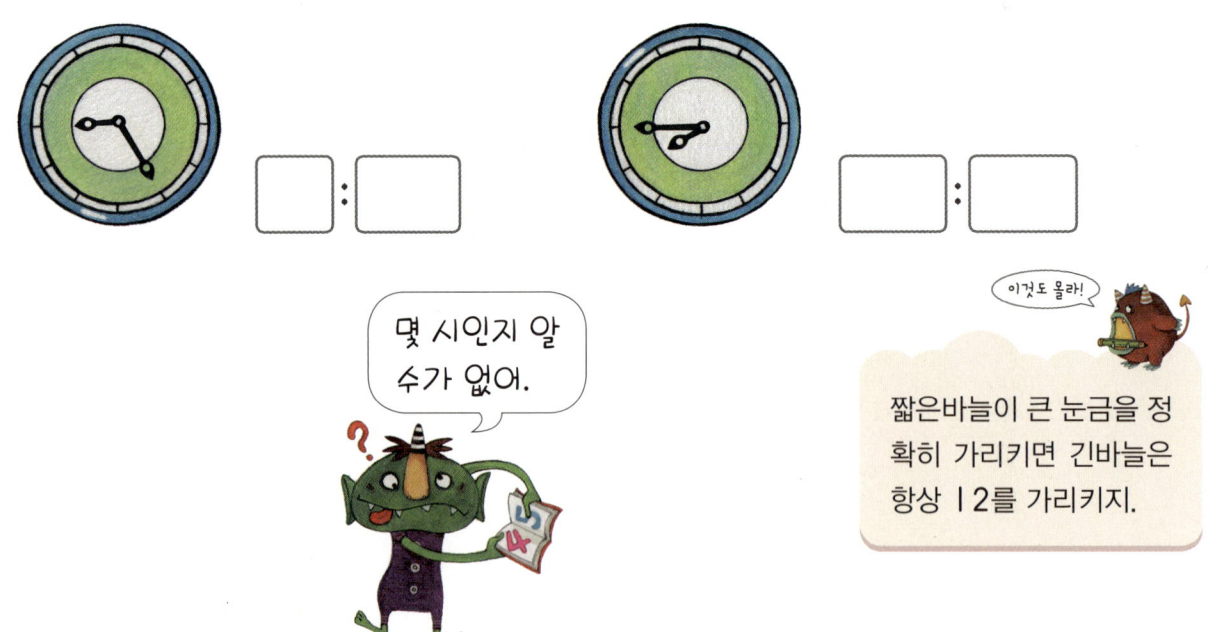

☐ : ☐   ☐ : ☐

몇 시인지 알 수가 없어.

이것도 몰라!

짧은바늘이 큰 눈금을 정확히 가리키면 긴바늘은 항상 12를 가리키지.

[몸으로 나타낸 시각]

1 시계의 시각을 몸으로 바르게 나타낸 사람의 이름을 쓰시오.

아인   초이   지오

[시곗바늘]

2 디지털 시계의 시각을 모형 시계에 나타내려고 합니다.
물음에 맞는 시계의 기호를 쓰시오.

잘 생각해 봐!

모형 시계에 시각을
직접 나타내 보렴.

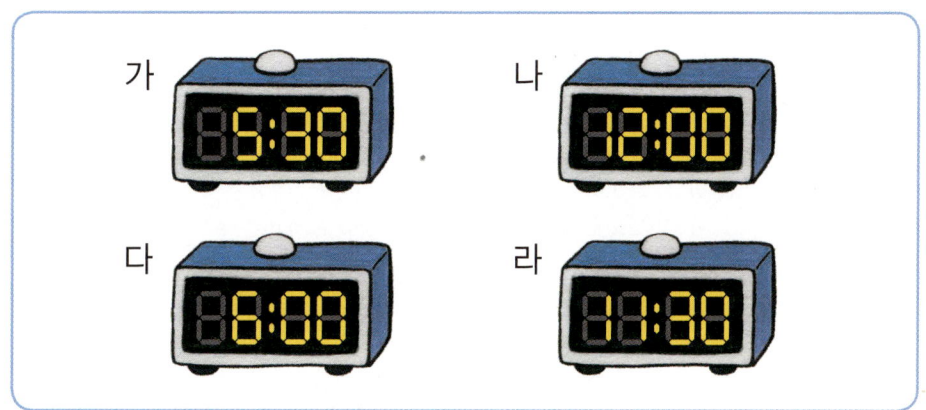

① 긴바늘과 짧은바늘이 완전히 겹치는 시각

② 긴바늘과 짧은바늘이 정반대를 가리키는 시각

고장난 시계

아인이는 모형 시계를 관찰하고, 다음과 같이 관찰한 결과를 수학 일기에 적었습니다. ☐ 안에 알맞은 수나 말을 써넣으시오.

아인이의 관찰 일기

- 큰 눈금에는 1에서 12까지의 수가 적혀 있습니다.
- 시곗바늘은 12에서 오른쪽 방향으로 돌고 있습니다.
- 큰 눈금 사이에는 작은 눈금이 ☐ 개씩 있습니다.
- 1과 마주 보고 있는 수는 ☐ 입니다.
- 제일 위에 있는 적혀 있는 수는 ☐ 이고, 제일 아래에 적혀 있는 수는 ☐ 입니다.
- 긴바늘과 짧은바늘 중 더 빠르게 움직이는 바늘은 ☐ 입니다.
- 시계 한 바퀴는 큰 눈금이 ☐ 개입니다.
- 긴바늘이 한 바퀴 도는 동안 짧은바늘은 큰 눈금 ☐ 칸을 움직입니다.

왼쪽 시계의 긴바늘을 몇 바퀴 돌리면 오른쪽과 같은 시각을 나타내는지 구하시오.

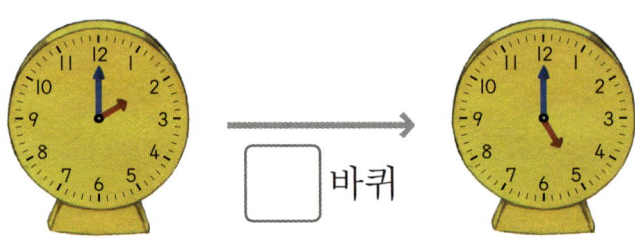

☐ 바퀴

🕐 시계의 ☐ 안에 알맞은 숫자를 쓰고 시각에 맞게 짧은바늘을 그리시오.

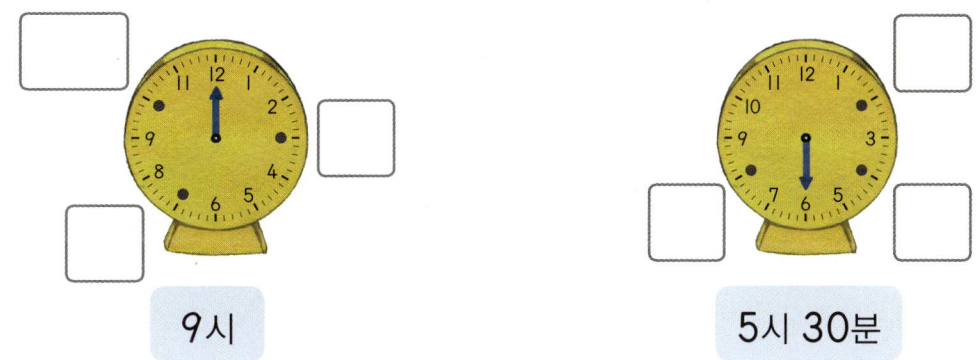

9시

5시 30분

🕐 시계의 짧은바늘이 다음과 같이 움직이는 동안 긴바늘은 몇 바퀴를 도는지 구하시오.

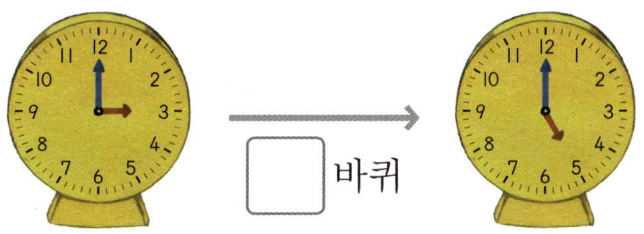

☐ 바퀴

 노크 포인트

① 시계에는 1부터 12까지의 수가 오른쪽으로 둥글게 있습니다.
② 시곗바늘은 모두 오른쪽으로 돌아갑니다.
③ 긴바늘이 한 바퀴 돌아서 제자리로 오면, 짧은바늘은 큰 눈금 한 칸을 움직입니다.
④ 긴바늘이 없어도 짧은바늘의 위치로 몇 시인지 알 수 있습니다.

4시   7시

불량품 시계

시계 공장의 창고에는 잘못 만든 불량품 시계가 여러 개 있습니다. 무엇을 잘못 만들었는지 찾아봅시다.

여기에는 고장난 시계 천지군.

시곗바늘이 잘못된 것도 있고, 시계의 숫자가 잘못된 것도 있어.

다음 불량품 시계의 잘못된 점을 쓰시오.

	두 바늘이 모두 짧습니다.		

 3:00			

[고장나지 않은 시계]

1 고장난 시계와 고장나지 않은 시계가 섞여 있습니다. 다음 중 고장나지 않은 시계를 모두 찾아 기호를 쓰시오.

[시계 고치기]

2 시계가 잘못되어 두 바늘 모두 긴바늘이 끼워져 있습니다. 시계를 고쳐 긴바늘과 짧은바늘을 올바르게 그려 넣으시오.

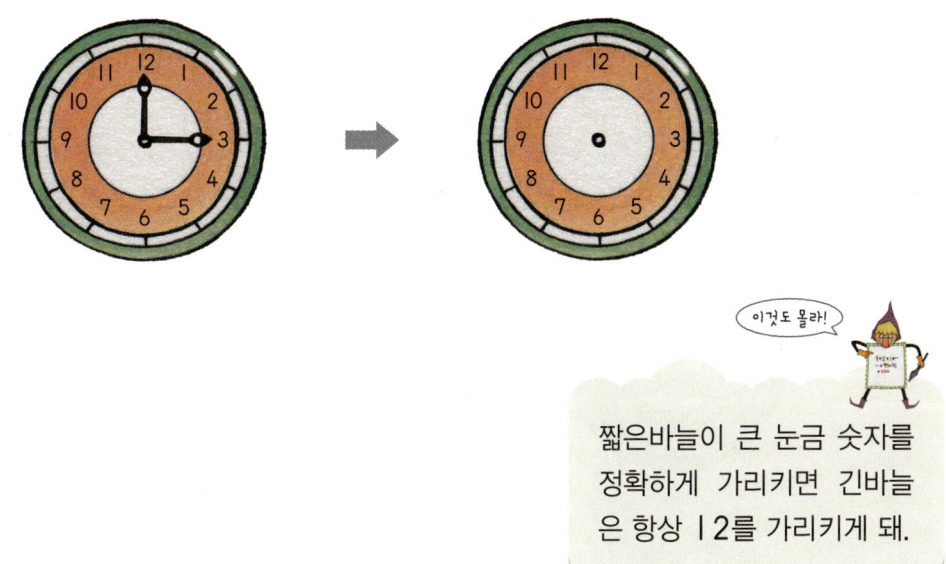

이것도 몰라!

짧은바늘이 큰 눈금 숫자를 정확하게 가리키면 긴바늘은 항상 12를 가리키게 돼.

 **짧은바늘**

마법 나라의 시계는 짧은바늘만 있습니다. 카드 요정이 마법 나라의 시계를 읽는 방법을 알려 주고 있습니다.

12시 정각이란다. 긴바늘이 있었다면 12를 가리키고 있겠지.

짧은바늘이 6과 7의 가운데에 있으니 6시 30분이란다. 긴바늘이 있었다면 6을 가리키겠지.

❶ 긴바늘이 없는 시계의 시각을 읽어 보시오.

❷ 시각에 맞게 짧은바늘만 그려 보시오.

1시 30분

6시

4시 30분

1 [짧은바늘]

아인이는 거실에 있는 시계를 만지다가 실수로 긴바늘을 부러뜨렸습니다. 디지털 시계를 보고 남아 있는 짧은바늘을 그려 넣으시오.

2 [잘못된 시곗바늘]

짧은바늘만 있는 시계에 긴바늘을 끼워 넣었습니다. 긴바늘을 잘못 넣은 시계의 기호를 쓰시오.

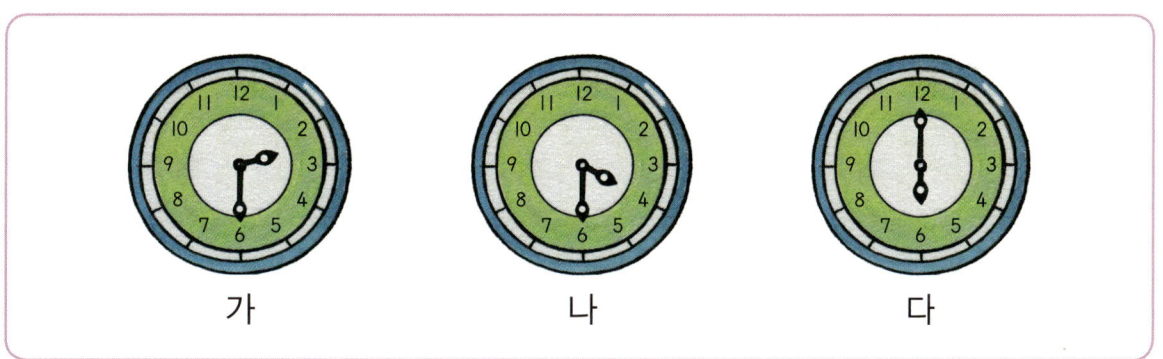

가　　　　　나　　　　　다

잘 생각해 봐!

짧은바늘이 숫자를 가리키면 긴바늘은 12를, 짧은바늘이 두 숫자의 가운데를 가리키면 긴바늘은 6을 가리켜야 해.

12 시간의 흐름

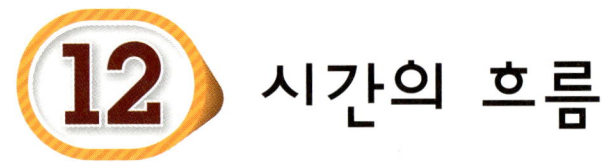

초이는 어제 하루 동안 한 일을 다음과 같이 나타내었습니다.

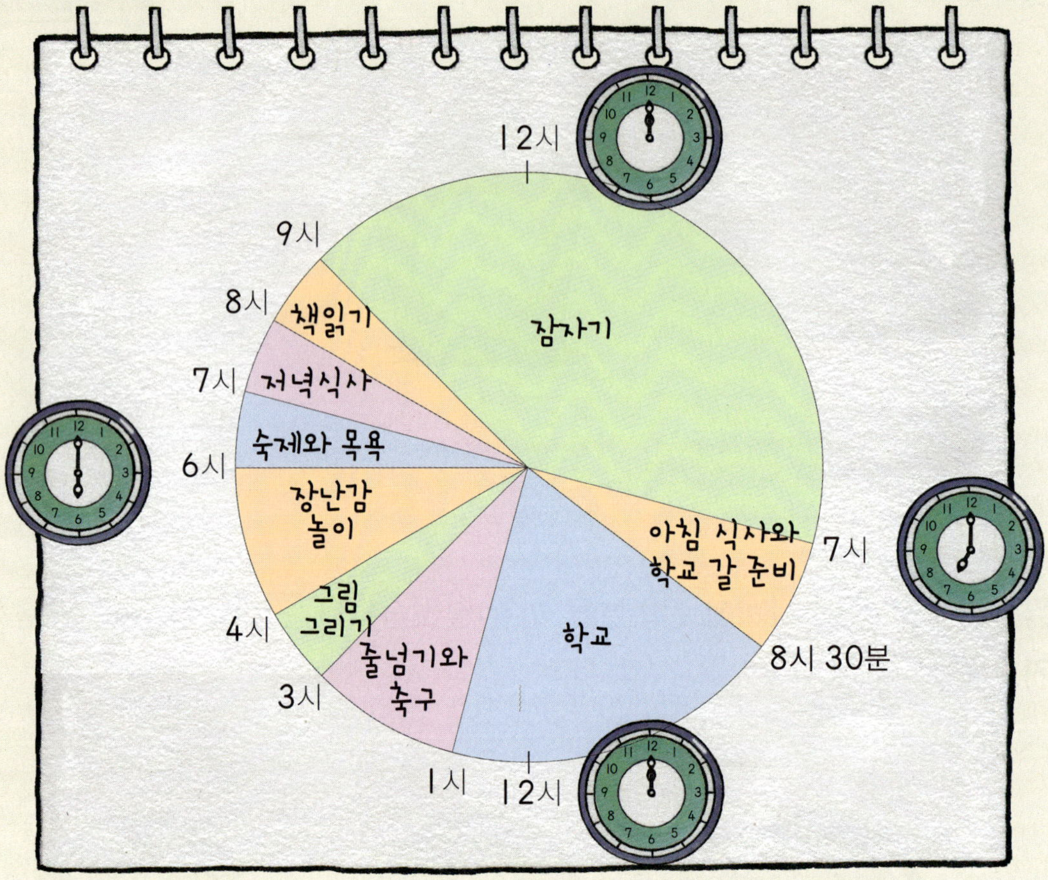

12시
9시
8시
책읽기
잠자기
7시
저녁식사
숙제와 목욕
6시
장난감 놀이
아침 식사와 학교 갈 준비
7시
그림 그리기
4시
학교
8시 30분
줄넘기와 축구
3시
1시
12시

시계는 하루 동안 12시를 몇 번 가리킵니까?

초이가 오후 1시에서 오후 6시 사이에 한 일 중 1시간 동안 한 일은 무엇입니까?

시계의 짧은바늘은 하루 동안 몇 바퀴를 돌까요?

태경이가 일요일 오후에 한 일들과 시각을 나타낸 것입니다. 태경이가 한 일의 순서대로 번호를 써넣으시오.

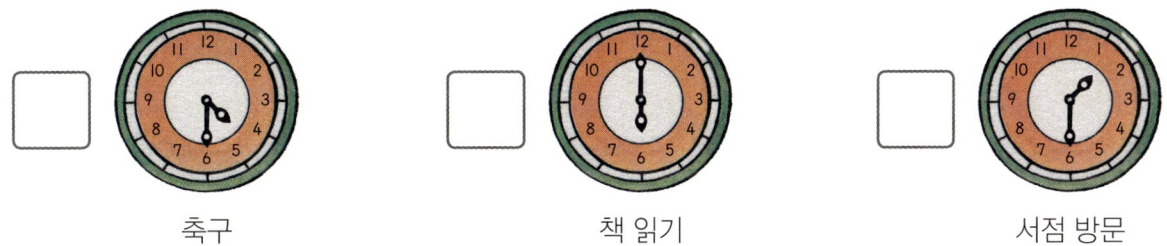

축구   책 읽기   서점 방문

짧은바늘이 2에서 큰 눈금 3칸을 움직인 후의 시각을 나타내는 시계의 기호를 쓰시오.

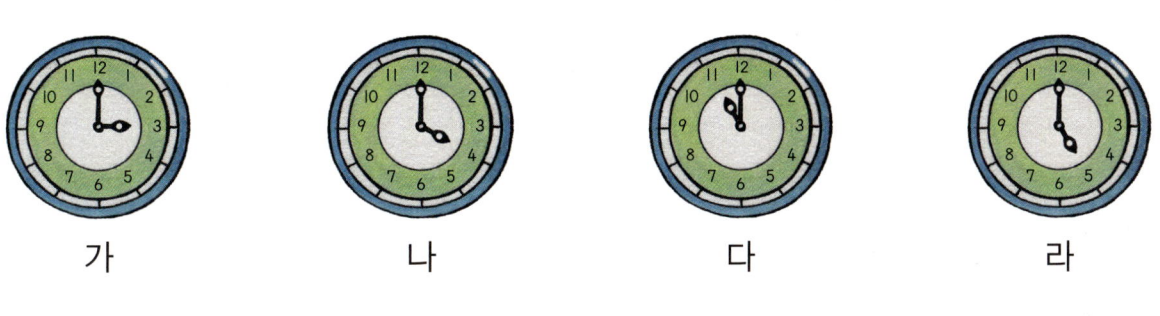

가   나   다   라

하루는 24시간입니다. 하루 동안 시계는 2바퀴를 돌면서 같은 시각을 2번씩 나타냅니다.

오전 7시: 잠에서 깨어나기

오후 7시: 저녁 식사

짧은바늘이 시계의 큰 눈금 1칸을 움직이는 시간을 1시간(한 시간)이라고 합니다.

1시간

초이가 일요일에 한 일들을 시계와 함께 나타낸 것입니다. 초이의 일요일의 일과를 알아봅시다.

❶ 긴바늘이 몇 바퀴 돌았는지를 보고, 시계에 짧은바늘을 알맞게 그려 넣으시오.

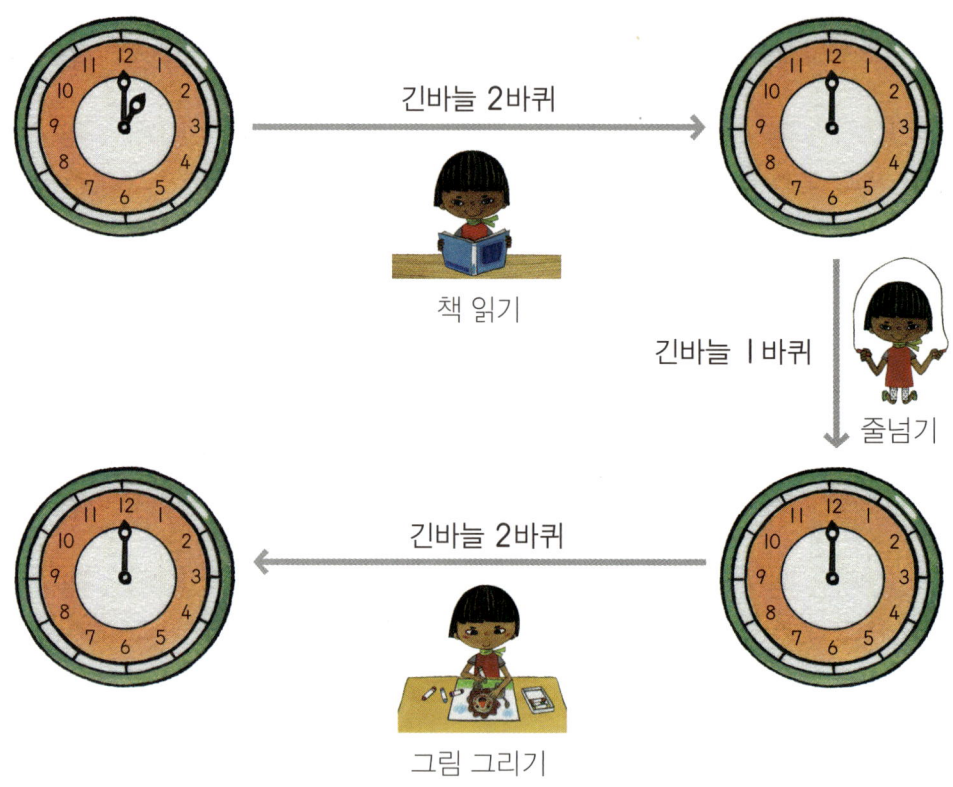

❷ 초이는 일요일 오후 3시에 무엇을 하기 시작했습니까?

❸ 오후 6시부터 긴바늘이 1바퀴 반을 도는 동안 초이는 가족들과 저녁 식사를 하였습니다. 저녁 식사를 마친 시각을 시계에 나타내시오.

잘 생각해 봐!

같은 시각이라도 오전과 오후는 다르단다.

[지오의 하루]

1 다음은 지오의 하루 일과를 나타낸 그림입니다. 그림에 알맞은 시각의 기호를 써넣으시오.

㉠ 오후 4시 30분　　㉡ 오전 7시

㉢ 오후 7시　　㉣ 오전 11시

저녁 식사

방과 후 놀이터

일어나기

학교 수업

[시곗바늘 돌리기]

2 왼쪽 시계의 긴바늘을 2바퀴 반만큼 움직였을 때의 시각을 쓰고, 시계에 시곗바늘을 그려 넣으시오.

　긴바늘 2바퀴 반 →　

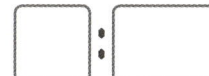

시각 다섯 고개

시각을 설명해 주는 시계로봇이 있습니다. 이 로봇은 시각을 그냥 가르쳐 주지 않고 문제를 내듯이 말을 합니다. 로봇이 설명하는 시각을 알아봅시다.

1 로봇의 설명에 알맞은 시곗바늘을 그려 보시오.

8시를 지나서 긴바늘이 처음으로 다시 12를 가리키고 있어.

짧은바늘과 긴바늘이 모두 같은 수를 가리키고 있어.

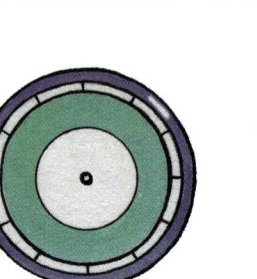
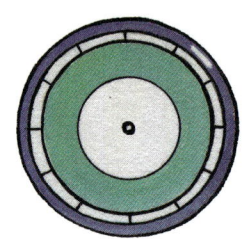

2 로봇의 설명에 알맞은 시각을 쓰시오.

4시는 넘었어. 아직 6시는 안 지났고 긴바늘이 12에 있는 시각이야.

10시보다 늦고 11시보다 이른 시각인데 긴바늘이 6을 가리키고 있어.

긴바늘은 12를 가리키고 있고 짧은바늘은 12의 반대쪽에 있는 수를 가리키고 있어.

1시보다 늦고 3시보다 이른 시각인데 긴바늘은 12를 가리키고 있어.

1 지오와 초이가 말한 시각에 맞게 시곗바늘을 그려 넣으시오.

지오 : 어제 3시보다 늦고 4시보다 이른 시각에 어머니 심부름을 했는데 시계의 긴바늘이 6을 가리키고 있었어.

초이 : 어제 저녁을 먹으면서 시계를 보니 짧은바늘이 1의 반대 방향을 가리키고 있었고, 긴바늘은 12를 가리키고 있었어.

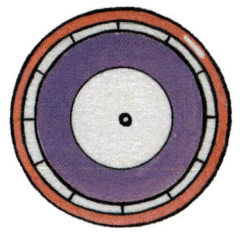
지오가 심부름을 한 시각

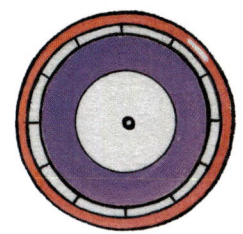
초이가 저녁을 먹은 시각

[잠이 든 시각]

2 더 늦은 시각에 잠을 잔 사람의 이름을 쓰시오.

아인 : 이 시계의 긴바늘이 2바퀴 반을 움직인 시각에 잤어.

태경 : 이 시계에서 짧은바늘이 큰 눈금 2칸을 움직인 시각에 잤어.

창의적 문제해결력

1 시계의 긴바늘이 한 바퀴 도는 동안 모래시계의 모래가 모두 아래로 떨어집니다. 모래가 모두 아래로 떨어지면 바로 모래가 위로 오도록 모래시계를 뒤집었습니다. 모래시계를 보고 끝난 시각을 시계에 그려 넣으시오.

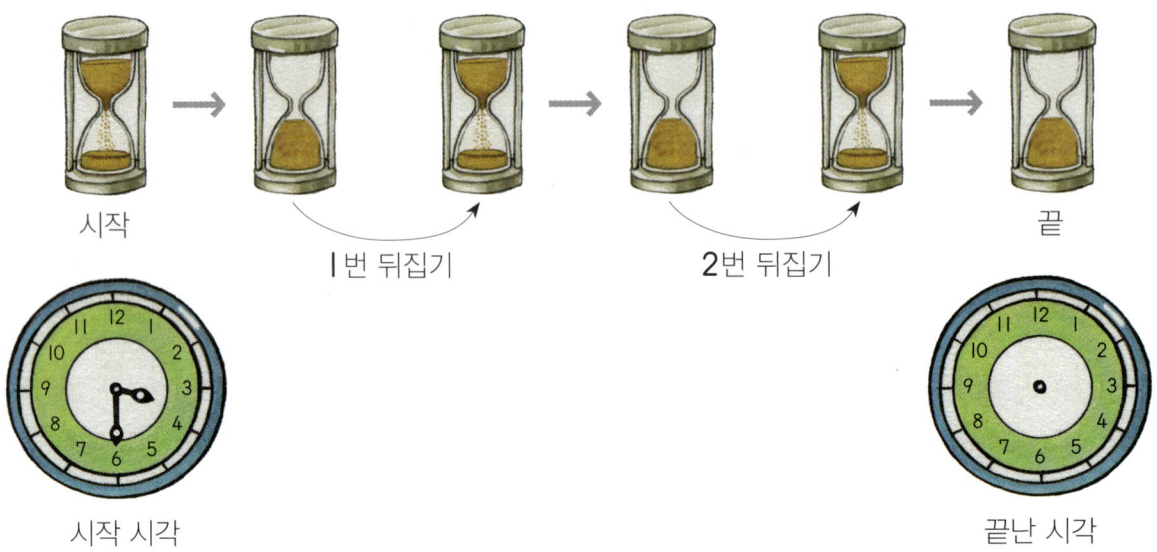

시작

1번 뒤집기

2번 뒤집기

끝

시작 시각

끝난 시각

2 태경이는 오후 7시부터 시계의 긴바늘이 1바퀴 반을 도는 동안 책을 읽었고, 초이는 오후 8시부터 시계의 짧은바늘이 큰 눈금 1칸을 움직이는 동안 책을 읽었습니다. 더 늦은 시각까지 책을 읽은 사람의 이름을 쓰시오.

태경

초이

3 l시부터 4시 30분까지 시계의 짧은바늘과 긴바늘이 완전히 겹치는 경우는 모두 몇 번 있는지 구하시오.

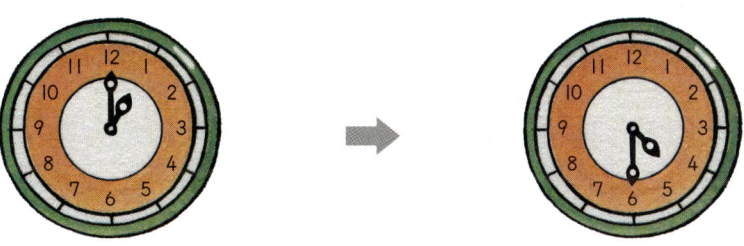

4 아인이네 집에는 30분에 한 번씩 뻐꾸기가 나오는 시계가 있습니다. 오전 9시 정각에 뻐꾸기가 나왔다면 오후 2시 정각까지 뻐꾸기는 몇 번 더 나옵니까?

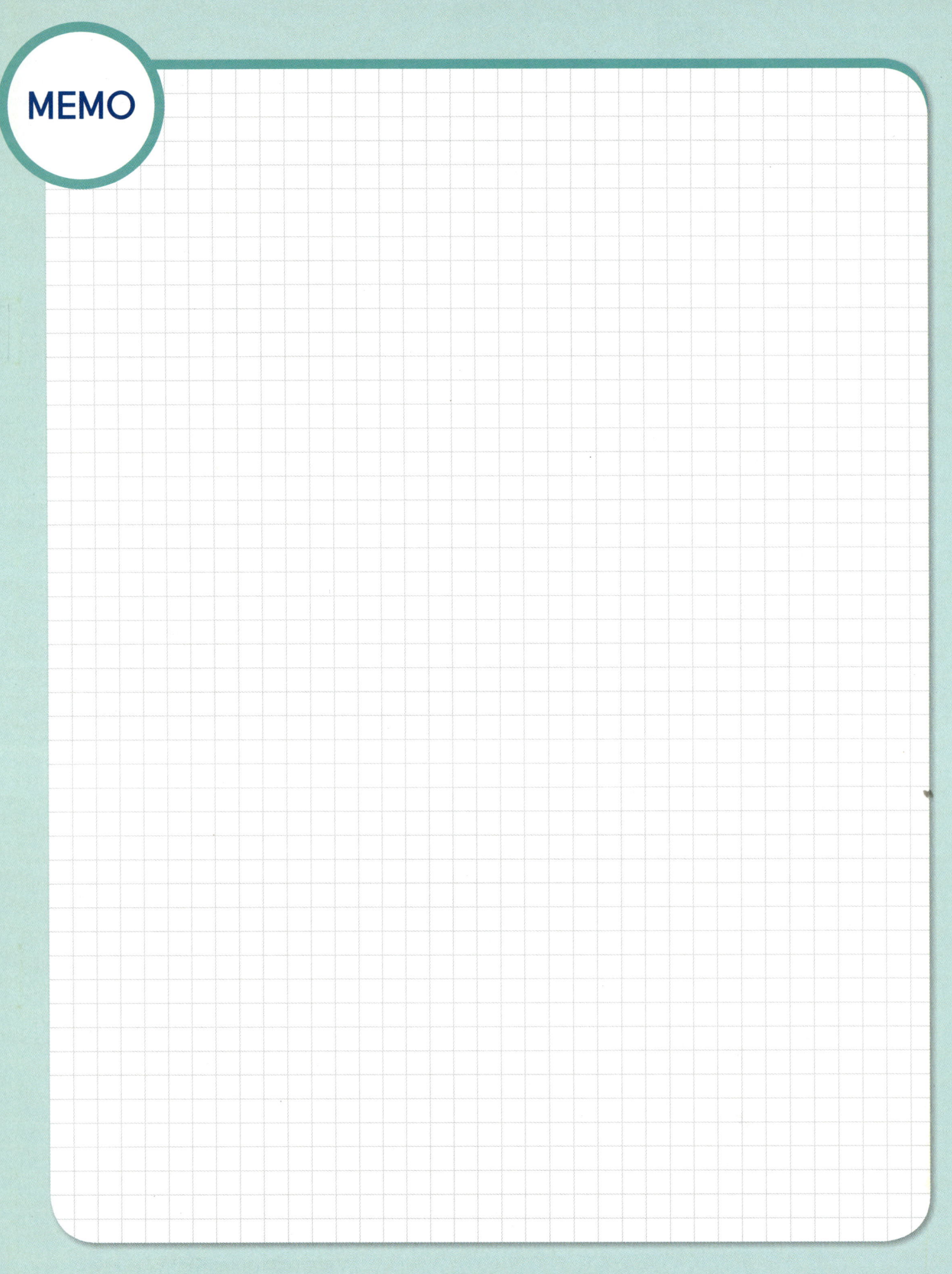

MEMO

정답및
해설

측정

A2

(8~9세)

천재교육

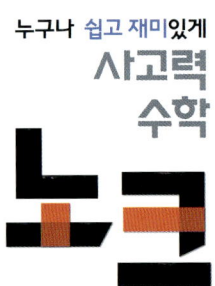

정답 및 해설

사고력 수학

노크

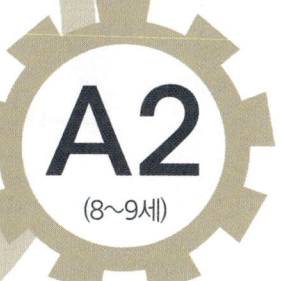

A2
(8~9세)

측정

길이 비교

1 직접 비교하기

아이들이 길이 비교를 합니다.

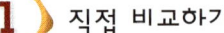

연필과 필통 중 어느 것이 더 길까? 지오

길고 짧은 건 직접 대어 보면 알 수 있지. 태경

초이는 연필을 필통에 넣었습니다.

연필을 필통 안에 넣었어. 필통이 더 길어. 초이

그러면 이 색종이는 가로와 세로 중 어느 쪽이 더 길까? 아인

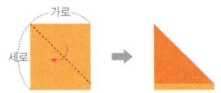

가로 세로

아인이는 색종이를 다음과 같이 접었습니다. 색종이의 가로와 세로 중 어느 쪽이 더 깁니까? **세로**

이런 방법도 있었군. 역시 아인이는 똑똑해.

가로를 세로에 직접 대었을 때, 세로에 남는 부분이 있으므로 세로가 가로보다 더 깁니다.

둘 중 더 긴 것에 ◯표 하시오.

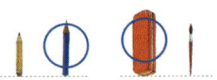 

가장 긴 것에 ◯표, 가장 짧은 것에 △표 하시오.

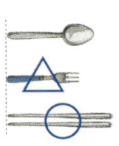

포인트

두 물건의 길이를 직접 대어 비교할 수 있습니다.

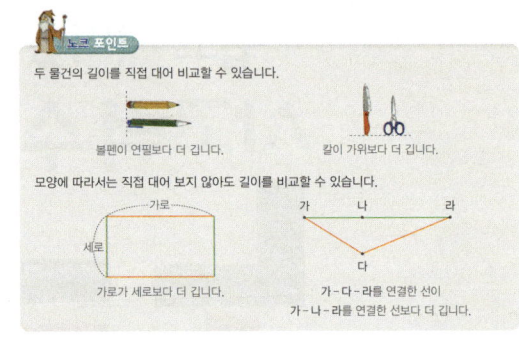

볼펜이 연필보다 더 깁니다.

칼이 가위보다 더 깁니다.

모양에 따라서는 직접 대어 보지 않아도 길이를 비교할 수 있습니다.

가로가 세로보다 더 깁니다.

가-다-라를 연결한 선이 가-나-라를 연결한 선보다 더 깁니다.

시상대 위의 키

달리기 경기의 시상식이 열렸습니다. 달리기 선수들이 시상대에 올라 상을 받은 후 시상대에서 내려와 찍은 사진으로 알맞은 것을 찾아봅시다.

가  나

다  라

❶ 1, 2, 3등에서 키가 가장 큰 선수는 몇 등입니까? **3등**

❷ 1등과 2등 중 키가 더 큰 선수는 몇 등입니까? **2등**

❸ 시상대에서 내려와 찍은 사진으로 알맞은 것의 기호를 쓰시오. **다**

3등의 키가 제일 큰 것이 가와 다인데 가는 2등과 1등의 키가 같습니다. 따라서 알맞은 것은 다입니다.

[페인트 묻은 막대]

1 가, 나, 다 막대 3개를 각각 초록색 페인트 통에 넣었다 꺼냈습니다. 페인트가 묻은 부분이 가장 긴 막대의 기호를 쓰시오. **나**

가
나
다

[키 비교]

2 세 사람이 철봉에 오래 매달리기를 하고 있습니다. 키가 가장 큰 학생의 이름을 쓰시오. **초이**

태경 초이 지오

아이들의 발끝의 위치가 같으니까 모두 땅 위에 서 있다고 생각해 봐.

🐢 모양으로 길이 비교

아인이는 태경이의 생일 파티에 초대를 받았습니다. 다음 물음에 답하시오.

❶ 아인이가 태경이의 생일 선물을 고르고 있습니다. 선물을 포장한 리본의 길이가 가장 긴 것에 ◯표, 가장 짧은 것에 △표 하시오.

상자들은 높이만 다르므로 높이가 가장 높은 가운데 선물 상자를 포장한 끈이 가장 길고, 가장 낮은 세 번째 상자를 포장한 끈의 길이가 가장 짧습니다.

❷ 아인이는 선물을 들고 태경이네 집으로 가려고 합니다. 세 가지 길 중에 가장 긴 길에 ◯표, 가장 짧은 길에 △표 하시오.

세 길 중에 가장 구불구불한 위쪽 길이 가장 길고, 가장 곧은 길인 가운데 길이 가장 짧습니다.

태경이네

[선의 길이]

1 지오네 집에 있는 선풍기, 휴대전화 충전기, 다리미 중에서 멀리서 사용할 수 있는 순서대로 기호를 쓰시오. **가 - 다 - 나**

가

나

다

전선이 더 구불구불할수록 길이가 더 긴 것이므로 더 멀리서 사용할 수 있습니다.

[가장 짧은 선]

2 빨간색 선 가, 나, 다, 라 중에서 가장 짧은 선의 기호를 쓰시오. **다**

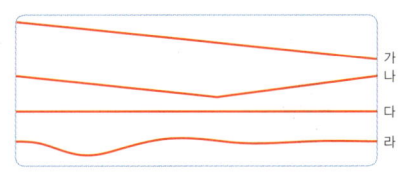

---

② 간접 비교하기

마법 나라에서 열리는 런닝맨 게임에 참가한 태경이는 다음과 같은 쪽지를 받았습니다.

MISSION

지도를 보고 문 하나를 선택하라. 도착점에 빨리 가는 사람이 먼저 다음 미션을 받을 수 있다. -멀린-

태경이가 도착점에 가장 먼저 가려고 할 때, 선택해야 하는 문의 기호를 쓰시오. **가**

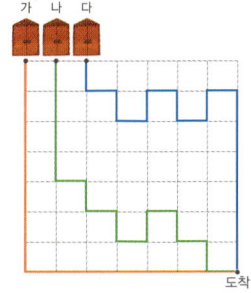

빨리 도착하려면 길의 길이가 짧아야겠지.

작은 칸을 세어 보면 가 문은 14칸, 나 문은 15칸, 다 문은 16칸으로 가 문에서 출발하는 것이 도착점까지의 거리가 가장 짧습니다.

---

❸ 원숭이와 토끼가 먹이를 먹으러 가는 길을 선으로 나타낸 것입니다. 먹이를 먹으러 가는 길이 더 긴 동물을 쓰시오. **원숭이**

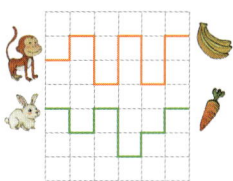

❹ 손가락을 이용하여 선의 길이를 비교하였습니다. 더 긴 선의 기호를 쓰시오. **나**

 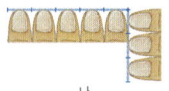

가   나

🧙 도크 포인트

직접 비교할 수 없는 경우에 똑같은 모양이나 물건, 손가락의 개수를 세어 길이를 비교할 수 있습니다.

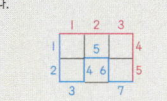 

파란색 길이 빨간색 길보다 더 깁니다.   색연필이 연필보다 더 깁니다.

정답 및 해설 **3**

🦁 두 가지로 잰 길이

동물들이 뜀틀을 이용하여 각각 키를 재었습니다. 동물들의 키를 비교해 봅시다.

❶ 사자가 서 있는 높은 뜀틀은 낮은 뜀틀 몇 개와 높이가 같습니까? 3개

❷ 뜀틀을 모두 쌓아 놓으면 낮은 뜀틀 몇 개와 높이가 같습니까? 10개

높은 뜀틀 1개는 낮은 뜀틀 3개와 같으므로 낮은 뜀틀 7개
와 높은 뜀틀 1개는 낮은 뜀틀 10개와 같습니다.

❸ 동물들의 키가 낮은 뜀틀 몇 개의 높이와 같은지 ☐ 안에 알맞은 수를 써넣으시오.

 7 개   4 개   6 개

18 A2 측정

[색연필의 길이]

1 지우개와 바둑돌을 사용하여 파란 색연필의 길이를 재었습니다. 파란 색연필은 바둑돌 몇 개의 길이와 같습니까? 5개

> 지우개의 길이는 바둑돌 몇 개의 길이와 같은지 생각해 봐.

[아파트 단지]

2 지오와 초이가 사는 아파트 단지의 건물은 크기가 모두 같습니다. 출발점에서부터 지오와 초이가 걸어간 거리를 보고 누가 더 많이 걸었는지 구하시오. 초이

 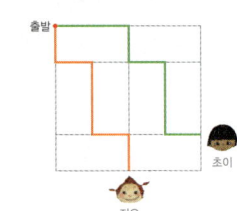

각 건물의 긴 쪽 길이는 짧은 쪽 길이를 두 번 더한 길이와 같습니다. 건물의 짧은 쪽 길이를 기준으로 두 사람이 걸어간 거리를 비교하면, 지오는 짧은 쪽 길이를 6번 초이는 7번 걸어갔으므로 초이가 더 많이 걸었습니다.

Chapter 1 길이 비교 **19**

🦫 가장 빠른 길

학교에서 집으로 가는 여러 가지 길입니다. 길이를 비교하여 봅시다.

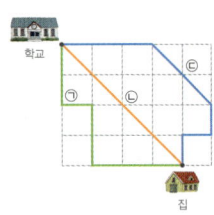

❶ 세 가지 길 ㉠, ㉡, ㉢을 보고 ☐ 안에 알맞은 수를 써넣으시오.

 : 8 개   : 4 개

 : 6 개,  : 2 개

> ☐과 ☐의 길이는 같단다.

❷ 다음 두 가지 길 중에서 더 짧은 길에 ◯표 하시오.

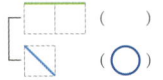 ( )   (◯)    (◯)   ( )

❸ 길이가 짧은 것부터 차례로 기호를 쓰시오. ㉡ – ㉠ – ㉢

20 A2 측정

[선의 길이]

1 선의 길이가 두 번째로 짧은 것의 기호를 쓰시오. ㉠

   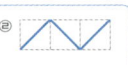

모두 세 개의 선으로 이어져 있고, ☐은 ☒의 길이보다 더 짧습니다. 따라서 가장 짧은 선은 순서대로 ㉡, ㉠, ㉢, ㉣이므로 두 번째로 짧은 것은 ㉠입니다.

> ☒는 ☐의 길이보다 더 길어.

[가장 오래 걸리는 곳]

2 초이네 집에서 공원, 학교, 편의점, 문구점에 가는 길을 각각 나타낸 것입니다. 초이네 집에서 출발할 때 가장 많이 걸어야 갈 수 있는 곳에 ◯표 하시오.

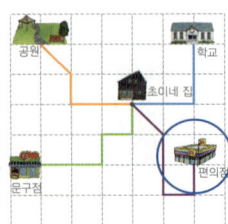

> 길이가 같은 길은 지우고, 남는 길의 길이를 비교해 봐.

Chapter 1 길이 비교 **21**

---

4 A2 측정

③ 여러 가지 길이의 비교

선생님께서 아인이의 일기를 보시고 잘못된 말에 ◯표 해 주셨습니다.

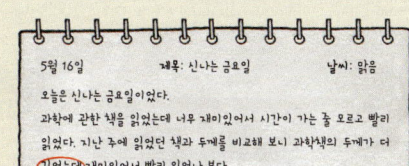

선생님께서 ◯표 하신 부분을 바르게 고쳐 보시오.

길었는데 → 두꺼웠는데   길어서 → 멀어서

짧고 → 작고   큰데 → 굵은데

두께(두껍다, 얇다), 거리(멀다, 가깝다), 키(크다, 작다), 굵기(굵다, 가늘다)를 나타내는 말로 알맞게 고쳐 씁니다.

22 A2 측정

말과 그림을 알맞게 선으로 이으시오.

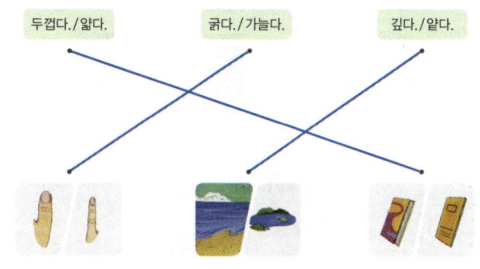

Chapter 1 길이 비교 23

소나무와 대나무

다음을 보고 소나무와 대나무를 비교해 봅시다.

❶ 소나무와 대나무 중 뿌리가 더 깊은 것은 어느 것입니까? 소나무

❷ 소나무와 대나무 중 높이가 더 높은 것은 어느 것입니까? 대나무

❸ 소나무와 대나무 중 줄기가 더 굵은 것은 어느 것입니까? 소나무

❹ 소나무와 대나무 중 지오와의 거리가 더 먼 것은 어느 것입니까? 소나무

길이는 비교하는 곳에 따라 여러 가지 말이 사용돼.

24 A2 측정

[키와 높이]

1 키가 가장 큰 사람에 ◯표, 가장 높은 곳에 있는 사람에 △표 하시오.

[굵기, 높이]

2 아인이와 초이가 나무 막대를 쌓았습니다. 그림을 보고 알맞은 이름에 ◯표 하시오.

막대의 길이, 막대의 굵기를 나타내는 표현을 보고 더 긴 막대와 더 굵은 막대를 찾아냅니다.

❶ 더 굵은 막대를 사용한 사람은 (아인이, 초이)입니다.

❷ 나무 막대를 더 높이 쌓은 사람은 (아인이, 초이)입니다.

Chapter 1 길이 비교 25

정답 및 해설 **5**

🐱 두 길이의 관계

26
27

실패에 실이 모두 같은 굵기로 감겨 있습니다. 가의 실패는 나, 다의 실패보다 가늘고, 다의 실은 가, 나의 실보다 굵습니다. 실패에 감긴 실의 길이를 비교해 봅시다.

가 　　　나 　　　다

가 실패가 가장 가늘군.
가 나 다

다 실패의 실이 가장 굵군.
가
나
다

❶ 가와 나는 실의 굵기는 같지만 나가 가보다 실패가 더 굵습니다. 둘 중 감긴 실의 길이가 더 긴 것은 무엇입니까? **가**
실의 굵기가 같다면 실패가 가는 가의 실패에 더 긴 실이 감겨 있습니다.

> 실패가 가늘면 실이 더 많이 감겨야 굵기가 같아진다는 걸 알까?

❷ 나와 다는 실패의 굵기는 같지만 다가 나보다 실이 더 굵습니다. 둘 중 감긴 실의 길이가 더 긴 것은 무엇입니까? **나**
나의 실이 더 가늘기 때문에 더 긴 실을 감을 수 있습니다. 따라서 나의 실패에 더 긴 실이 감겨 있습니다.

> 실이 굵으면 짧은 길이를 감아도 전체 굵기가 더 굵어진단다.

❸ 감긴 실의 길이가 긴 것부터 차례로 기호를 쓰시오. **가 – 나 – 다**

[못의 길이]

1 아인이는 아버지와 함께 마당에 놓을 평상을 만들고 있습니다. 길이가 같은 못 4개를 네 귀퉁이에 각각 박았을 때, 나무에 가장 깊이 박혀 있는 못의 기호를 쓰시오. **나**

가 　　　　　나
다 　　　　　라

못의 튀어나온 부분이 짧을수록 안쪽에 못이 더 깊이 박혀 있는 것입니다.

[바퀴의 크기와 거리]

2 지오, 초이, 태경이의 자전거입니다. 세 사람의 자전거 바퀴가 모두 똑같이 100바퀴씩 돌았을 때, 긴 거리를 움직인 사람부터 순서대로 이름을 쓰시오.
지오 – 태경 – 초이

지오 자전거 　　초이 자전거 　　태경 자전거

바퀴가 클수록 한 바퀴에 더 긴 거리를 움직일 수 있습니다. 따라서 바퀴가 큰 지오 – 태경 – 초이의 순서대로 긴 거리를 움직일 수 있습니다.

> 자전거 바퀴를 같은 횟수만큼 돌리면 바퀴가 클수록 더 긴 거리를 간다는 사실을 모를 수도 있어.

👧 창의적 문제해결력

28
29

1 아인, 초이, 태경이 세 사람이 각각 다른 자리에서 운동장을 가로질러 갔습니다. 가장 긴 거리를 움직인 사람의 이름을 쓰시오. **초이**

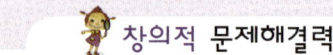
아인
초이
태경

세 사람의 길에서 모두 ╱ 2개와 ╲ 2개의 길을 지우고나면 아인이는 ▢ 길이 3개, 초이는 ▢ 길이 2개와 ╱ 길이 1개, 태경이는 ╱ 길이 2개와 ▢ 길이 1개가 남습니다. 남은 길이는 초이 – 아인 – 태경이의 순서대로 더 길기 때문에 가장 긴 거리를 움직인 사람은 초이입니다.

2 옆으로 붙여 놓은 블록의 길이는 초록색 블록 몇 개의 길이와 같은지 쓰시오.

❶ **6** 개

❷ **11** 개

주어진 블록을 모두 초록색 블록으로 바꾸어 나타내어 봅시다.

📍 동영상 특강
QR 코드를 찍어 보세요!

3 채소의 길이를 비교하여 길이가 긴 순서대로 번호를 쓰시오.

오이: **2** 　　당근: **4**
가지: **3** 　　고추: **5**
파 : **1**

4 원숭이 세 마리가 나무에 매달려 있습니다. 꼬리가 가장 긴 원숭이가 가지고 있는 바나나의 개수를 구하시오. **2개**

두 번째 원숭이의 꼬리는 나무에 한 바퀴만 감겨 있으므로 가장 짧습니다. 첫 번째와 세 번째 원숭이의 꼬리는 모두 세 바퀴씩 감겨 있지만 세 번째 원숭이의 꼬리가 감겨 있는 나무의 가지가 더 굵습니다. 따라서 세 번째 원숭이의 꼬리가 가장 깁니다.

무게 비교

④ 무게 비교하기

초이가 무게를 비교할 수 있는 고무줄 저울을 만들었습니다.

고무줄 저울 만들기
1. 받대에 벽에 붙이는 고리를 붙입니다.
2. 고무줄의 한 쪽 끝을 고리에 묶습니다.
3. 고무줄의 다른 쪽 끝을 동그랗게 묶어 물건을 끼울 수 있게 합니다.

큐브의 무게도 재어 볼 거야.

고무줄 저울에 여러 가지 물건을 달았습니다. 가장 무거운 물건에 ◯표, 가장 가벼운 물건에 △표 하시오.

 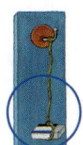  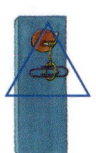

매단 물건이 무거울수록 고무줄이 더 길게 늘어납니다. 따라서 지우개가 가장 무겁고 클립이 가장 가볍습니다.

초이가 고무줄 저울에 다음 물건들을 달았을 때 고무줄이 가장 길게 늘어나는 것을 찾아 ◯표 하시오.

ⓐ 둘 중 더 무거운 것에 ◯표 하시오.

ⓑ 용수철 끝에 추가 매달려 있습니다. 무거운 추부터 순서대로 번호를 쓰시오.

1   3   2

용수철은 매달린 추가 무거울수록 더 길게 늘어납니다.

🐕 포인트

무게가 무거울수록 아래로 내려가려고 하는 정도가 큽니다. 무게를 재는 도구들은 이 원리를 이용합니다.

가위가 쪽집게보다 더 무겁습니다.

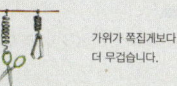

클립이 만년필보다 더 가볍습니다.

비교하는 물건의 무게가 같으면 저울이 한쪽으로 내려가지 않습니다. 저울이 어느 한쪽으로 기울어지지 않을 때 평형을 이룬다고 합니다.

두 색연필의 무게가 같습니다.

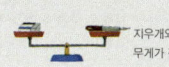

지우개와 만년필의 무게가 같습니다.

🐾 양팔 저울

양팔 저울 위에 있는 동물의 무게를 비교해 봅시다.

❶ 비교한 두 상자의 무게를 기호(>, =, <)를 사용하여 나타내면 편리합니다.

㉠이 ㉡보다 더 무겁습니다.
㉢과 ㉣의 무게가 같습니다.
㉤이 ㉥보다 더 가볍습니다.

❷ 동물의 무게를 비교한 그림을 보고 ◯ 안에 알맞은 기호(>, =, <)를 써넣으시오.

 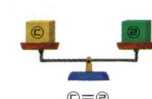 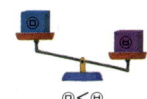

양팔 저울에서 접시가 내려간 쪽에 있는 동물이 더 무겁습니다. 사슴과 염소는 양팔 저울이 평형을 이루므로 무게가 같습니다.

❸ 고양이와 사슴의 무게를 양팔 저울로 비교했을 때 올바른 그림에 ◯표 하시오.

고양이보다 강아지가 더 무거운데 강아지보다 염소가 더 무겁고, 염소와 사슴의 무게가 같으므로 고양이와 사슴이 저울에 올라가면 사슴이 밑으로 내려갑니다.

[시소]

1 동물들이 시소를 타고 있습니다. 더 무거운 동물에 ◯표 하시오.

①

②

[모빌]

2 아인이네 방 천장에 2개의 모빌이 걸려 있습니다. 모빌을 보고 맞는 말에 ◯표 하고, ◯ 안에 알맞은 기호(>, =, <)를 써넣으시오.

① 자동차는 비행기보다 더 (무겁습니다, (가볍습니다)).

 <

② 나비는 잠자리보다 더 ((무겁습니다), 가볍습니다).

 >

🐛 같은 듯 같지 않아

양팔 저울이 다음과 같이 평형을 이루는 경우 세 구슬의 무게를 비교해 봅시다.

❶ ①, ②를 함께 올려서 ③과 무게를 비교하였더니 양팔 저울이 평형을 이룹니다. 알맞은 구슬과 말에 ○표 하시오.

(①, ②, ③)이 가장 (무겁습니다, 가볍습니다).

①과 ②을 합한 무게가 ③의 무게와 같으므로 ③이 가장 무겁습니다.

❷ ①, ②를 양팔 저울의 양쪽에 올리고 저울이 평형을 이루도록 손가락으로 눌렀습니다. 둘 중 더 가벼운 구슬의 번호를 쓰시오. 2

양팔 저울의 오른쪽 접시가 올라가서 손가락으로 누른 것이기 때문에 ②이 ①보다 더 가볍습니다.

❸ 세 구슬 중 가장 가벼운 구슬과 가장 무거운 구슬의 번호를 각각 써넣으시오.

가장 가벼운 구슬: 2　　　가장 무거운 구슬: 3

[평형을 이룬 양팔 저울]

1 파란색 공과 초록색 공 중 더 무거운 공의 기호를 쓰시오. 가

> 저울의 양쪽에서 똑같이 노란색 공 하나씩을 빼도 저울은 기울지 않아.

양쪽에서 똑같이 노란색 공 하나씩을 빼면 왼쪽에는 가 공, 오른쪽에는 나 공과 노란색 공 한 개가 남습니다. 저울이 평형을 이루므로 따라서 가 공이 나 공보다 더 무겁습니다.

[같은 무게, 다른 무게]

2 다음 중 가장 가벼운 물건에 ○표 하시오.

숟가락 < 포크

뒤집개 > 포크　　　칫솔 < 숟가락

> 숟가락 2개와 포크 1개의 무게가 같다는 건 숟가락이 포크보다 더 가볍다는 거란다.

---

⑤ 무게의 순서

지오가 장난감의 무게 순서를 알기 위해서 양팔 저울로 무게를 비교하고 있습니다.

먼저 인형과 자동차의 무게를 비교한 다음, 인형과 배의 무게를 비교하였습니다.

> 양팔 저울을 2번 사용했더니 인형이 가장 가볍다는 것만 알 수 있네.

지오는 무게 순서를 모두 알기 위해서 배와 자동차의 무게를 비교하였더니 자동차가 아래로 내려갔습니다. 무거운 순서대로 장난감의 이름을 쓰시오.

자동차 > 배 > 인형

◎ 저울을 보고 가장 무거운 책부터 차례로 기호를 쓰시오.

가　　　나　　　다　　　가

나 > 가 > 다

> 나는 가보다 무거워. 가는 다보다 무거워. 나와 다는 무게를 비교해 볼 필요도 없어.

누리 포인트

양팔 저울을 사용하여 무게를 비교하는 방법에는 직접 비교하는 방법과 다른 물건을 사용하여 비교하는 방법이 있습니다.

① 직접 비교하는 방법

➡ ③ > ② > ①

② 다른 물건을 사용하여 비교하는 방법

➡ ② > ③ > ①

8　A2 측정

🐱 공아, 무게를 비교해 줘

40 · 41

작은 공과 양팔 저울을 사용하여 인형, 필통, 책의 무게를 비교해 봅시다.

❶ 왼쪽 접시에 비교할 물건을 올리고, 평형을 이루도록 오른쪽 접시에 공을 올렸습니다. 그림을 보고 □ 안에 알맞은 수를 써넣으시오.

인형은 공 **3** 개의 무게와 같습니다.

필통은 공 **2** 개의 무게와 같습니다.

책은 공 **4** 개의 무게와 같습니다.

❷ 책은 필통보다 공 **2** 개만큼 더 무겁고, 인형보다 공 **1** 개만큼 더 무겁습니다. 또, 인형은 필통보다 공 **1** 개만큼 더 무겁습니다.

❸ 무거운 순서대로 빈칸을 채우시오.

[책] > [인형] > [필통]

40 A2 측정

1 [과일의 무게]
그림을 보고 가장 무거운 과일의 이름을 쓰시오. 배

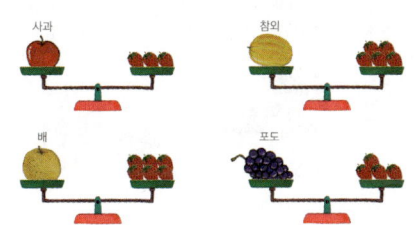

사과   참외
배   포도

2 [상자의 무게]
빨간색 상자와 파란색 상자의 무게를 비교하면 다음과 같습니다. 그림을 보고 곰, 사자, 돼지를 무거운 순서대로 쓰시오. 곰 - 사자 - 돼지

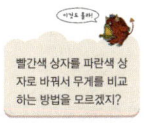
빨간색 상자를 파란색 상자로 바꿔서 무게를 비교하는 방법을 모르겠지?

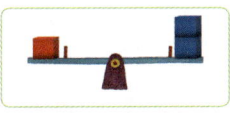 

빨간색 상자 1개의 무게가 파란색 상자 2개의 무게와 같으므로 시소에 있는 빨간색 상자를 모두 파란색 상자로 바꾸면 아래와 같습니다. 곰, 사자, 돼지의 순으로 무겁습니다.

Chapter 2 무게 비교 **41**

🐱 여러 개의 무게 비교

42 · 43

아인이는 무게가 서로 다른 구슬 4개를 가지고 있습니다. 양팔 저울을 사용하여 구슬의 무게를 비교해 봅시다.

양팔 저울을 사용하여 구슬 4개의 무게 순서를 알아내야겠어. 아인

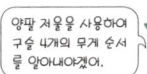

❶ 아인이가 오른쪽과 같이 구슬을 놓았더니 평형을 이루었습니다. □ 안에 알맞은 기호를 써넣으시오.

[가] · [나] · [다] 중 [다] 가 가장 무겁습니다.

❷ [다] 구슬과 [라] 구슬을 비교하였습니다. □ 안에 알맞은 기호를 써넣으시오.

[라] > [다]

❸ [나] 구슬과 [가] 구슬을 비교하였습니다. □ 안에 알맞은 기호를 써넣으시오.

[가] > [나]

❹ 무거운 순서대로 알맞은 기호를 써넣으시오.

[라] > [다] > [가] > [나]
구슬 가, 나, 다 중 다가 가장 무겁고, 구슬 라가 구슬 다보다 더 무겁습니다. 구슬 가와 나 중 구슬 가가 구슬 나보다 더 무겁습니다. 따라서 라>다>가>나입니다.

42 A2 측정

1 [누가 누가 무겁나]
시소를 탄 동물들을 보고 무거운 순서대로 □ 안에 번호를 써넣으시오.

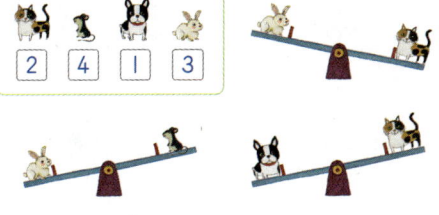

[2] [4] [1] [3]

2 [누가 누가 가볍나]
시소를 탄 새들을 보고 가벼운 순서대로 □ 안에 번호를 써넣으시오.

[1] [2] [4] [3]

Chapter 2 무게 비교 **43**

⑥ 저울산

태경이는 양팔 저울이 평형을 이루도록 저울의 양쪽에 추를 올려 놓았습니다. 그런데 꼬마 요괴가 추 하나를 가져가버려서 저울이 한쪽으로 기울어졌습니다.

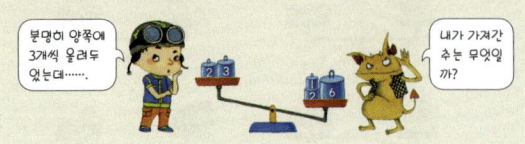

분명히 양쪽에 3개씩 올려두 었는데…….

내가 가져간 추는 무엇일까?

태경이는 없어진 추의 무게를 알기 위해서 다음과 같은 식을 썼습니다. 요괴가 가져간 추의 무게를 구하시오.

$$2 + 3 + \boxed{4} = 1 + 2 + 6$$

추 한 개를 옮겨서 저울이 평형을 이루도록 할 수 있습니다. 추 하나를 옮겨 평형을 이루도록 추에 알맞은 수를 써넣으시오.

추를 하나 옮기 면 평형을 이룰 수 있어.

양쪽 접시의 무게가 같아지면 양팔 저울은 평형을 이루지.

저울의 왼쪽 접시의 무게가 2+3=5이고, 오른쪽 접시의 무게가 1+2+6=9이므로, 오른쪽 접시에서 무게가 2인 추를 왼쪽으로 옮기면 양쪽의 무게가 7로 같아집니다.

양팔 저울의 양쪽 접시의 무게가 같아지도록 무거운 쪽에서 빼야 하는 추의 무게를 쓰시오.

저울을 보고 양쪽이 같은 무게가 되기 위해 가벼운 쪽에 더해야 하는 추의 무게를 쓰시오. 무거운 쪽의 무게가 4+5=9이므로 가벼운 쪽에 무게가 3인 추를 더해야 합니다. 식을 세워서 나타내면 6+◻=4+5와 같으므로 ◻의 무게는 3이 됩니다.

$$6 + \boxed{} = 4 + 5 \rightarrow \boxed{} = \boxed{3}$$

토크 포인트

양팔 저울에 올린 물건의 무게를 식으로 나타낼 수 있습니다.

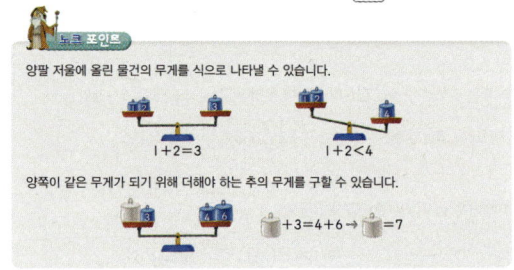

1+2=3   1+2<4

양쪽이 같은 무게가 되기 위해 더해야 하는 추의 무게를 구할 수 있습니다.

◻+3=4+6   ◻=7

같은 것은 빼고, 바꾸고

다음은 여러 가지 과일의 무게를 비교한 것입니다. 마지막 양팔 저울에 딸기를 몇 개 더 올리면 저울이 평형을 이루는지 알아봅시다.

❶ 첫 번째 양팔 저울의 양쪽 접시에서 같은 수의 딸기를 지워 보시오. 귤 1개는 딸기 몇 개의 무게와 같습니까? 3개

❷ 두 번째 양팔 저울에 귤 대신에 딸기 몇 개를 놓으면 평형을 이루게 됩니까? 6개
귤 1개는 딸기 3개의 무게와 같으므로 귤 2개 대신에 딸기 6개를 올려야 합니다.

❸ 마지막 양팔 저울이 평형을 이루기 위해서는 왼쪽 접시에 딸기 몇 개를 더 올려야 합니까? 4개
사과 1개는 딸기 6개의 무게와 같으므로 왼쪽 접시에 딸기 4개를 더 올리면 평형을 이룰 수 있습니다.

[옥수수의 무게]

1 옥수수의 무게가 추 몇 개의 무게와 같은지 ◻ 안에 알맞은 수를 써넣으시오.

옥수수: 추 ◻ 개

감자 1개가 추 2개의 무게와 같으므로 무 1개의 무게는 추 4개의 무게와 같습니다. 따라서 옥수수 1개와 추 1개의 무게의 합은 추 4개의 무게와 같고, 양쪽에서 똑같이 추 하나씩을 빼면 옥수수 1개는 추 3개의 무게와 같습니다.

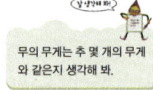

무의 무게는 추 몇 개의 무게와 같은지 생각해 봐.

[평형 만들기]

2 양팔 저울을 사용하여 빵, 피자, 햄버거의 무게를 비교한 것입니다.

다음 저울이 평형을 이루도록 하려고 합니다. 가벼운 접시에 더 올려놓아야 하는 빵의 수를 ◻ 안에 써넣으시오.

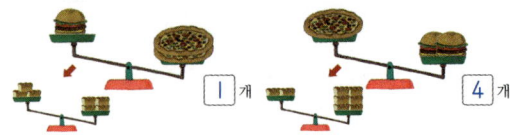

◻ 개   ◻ 개

10   A2 측정

숫자가 지워진 추

무게가 2, 4, 6, 9인 4개의 추 가, 나, 다, 라가 있습니다. 추의 크기와 모양은 같고 무게를 나타내는 숫자는 지워져 있습니다. 추 가, 나, 다, 라의 무게를 각각 알아봅시다.

추의 모양과 크기가 같아서 구별을 할 수가 없어.

내가 마술을 부렸지. 하지만 양팔 저울을 사용하면 알아낼 수 있어.

❶ 첫 번째 양팔 저울에서 다음을 알 수 있습니다. 라의 무게는 얼마입니까? 6

❷ 두 번째 양팔 저울에서 다음을 알 수 있습니다. 다의 무게는 얼마입니까? 9

❸ ☐ 안에 알맞은 추의 무게를 모두 써넣으시오.

가 = 2 나 = 4 다 = 9 라 = 6

가의 무게가 2 또는 4이고, 라는 6입니다. 다의 무게가 가와 라의 합보다 무겁고, 다의 무게가 9이므로, 가의 무게는 2입니다.

[물의 양이 다른 컵]

1 무게가 같은 컵 ㉠, ㉡, ㉢에 들어 있는 물의 양이 각각 다릅니다. 물이 들어 있는 세 컵의 무게가 1, 2, 3 중 하나일 때, 물이 들어 있는 ㉡ 컵의 무게를 구하시오. 1

물이 들어 있는 ㉠ 컵의 무게를 먼저 구할 수 있단다.

첫 번째 저울에서 ㉠ 컵 2개의 무게는 ㉡ 컵와 ㉢ 컵의 무게의 합과 같으므로 ㉠ 컵의 무게는 2가 됩니다. ㉡ 컵보다 ㉢ 컵이 더 무거우므로 ㉡ 컵의 무게는 1, ㉢ 컵의 무게는 3입니다.

[알 수 없는 추의 무게]

2 크기는 똑같지만 무게가 1, 2, 4로 서로 다른 추 가, 나, 다가 있습니다. 추를 사용하여 무게를 잰 것을 보고, ☐ 안에 물건의 무게를 써넣으시오.

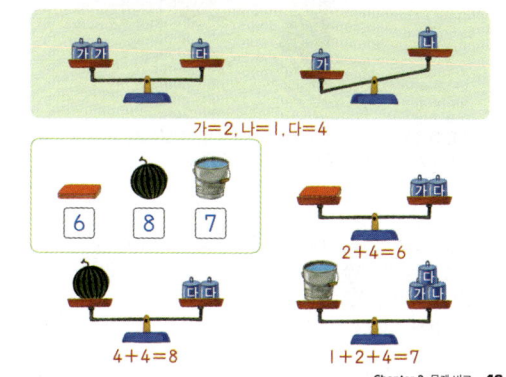

가 = 2, 나 = 1, 다 = 4

6   8   7

2 + 4 = 6

4 + 4 = 8   1 + 2 + 4 = 7

창의적 문제해결력

1 다음 저울을 보고 무거운 순서대로 번호를 써넣으시오.

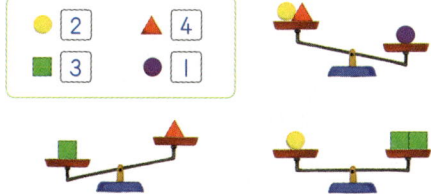

⬤ 2   🔺 4
🟩 3   🟣 1

2 무게가 1인 추 3개, 2인 추 1개, 3인 추 1개가 있습니다. 양팔 저울이 평형을 이루도록 저울의 양쪽에 추를 모두 올려놓으려고 합니다. 어떻게 올려놓으면 되는지 저울에 직접 그려 보시오.

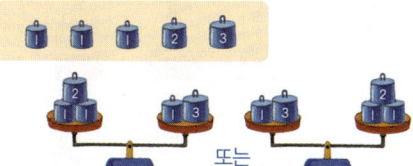

또는

추의 무게는 모두 1 + 1 + 1 + 2 + 3 = 8입니다. 따라서 양쪽 접시에 각각 무게가 4만큼의 추가 올라가도록 하여야 합니다.

🎬 동영상 특강
QR 코드를 찍어 보세요!

3 마지막 저울의 오른쪽 접시 위에 가 컵을 올려 저울이 평형을 이루도록 하려고 합니다. 저울에 올려야 하는 가 컵은 몇 개인지 구하시오. 8개

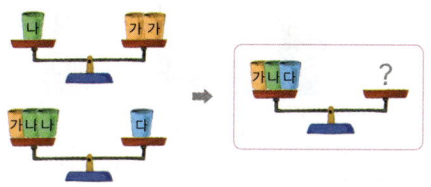

나 = 가 2
다 = 가 + 나 + 나 = 가 + 가 2 + 가 2 = 가 5
가 + 나 + 다 = 가 + 가 2 + 가 5 = 가 8

4 과일의 무게를 비교한 것입니다. 그림을 보고 무게가 같아지는 과일의 수를 ☐ 안에 써넣으시오.

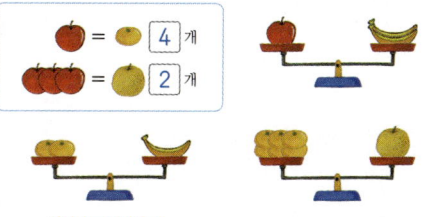

🍎 = 🍋 4 개
🍎🍎 = 🍋 2 개

사과 1 = 바나나 2
귤 2 = 바나나 1 ➡ 바나나 2 = 귤 4, 사과 1 = 귤 4

정답 및 해설 **11**

여러 가지 비교

7 들이 비교

한입 요괴와 딴소리 요괴가 자신의 컵에 더 많은 물을 담을 수 있다고 합니다.

내 컵이 더 넓잖아.
한입 요괴

내 컵이 더 길어.
딴소리 요괴

아인이가 한입 요괴의 넓적한 컵에 물을 가득 넣어서 비어 있는 딴소리 요괴의 컵에 옮겨 부었습니다.

컵이 가득 차지 않았구! 그러면 …….
아인

더 많은 물을 담을 수 있는 컵은 한입 요괴의 넓적한 컵일까요? 아니면 딴소리 요괴의 길쭉한 컵일까요? **딴소리 요괴의 길쭉한 컵**

아인이가 위와는 반대로 길쭉한 컵에 물을 가득 채워서 넓적한 컵에 부으면 어떻게 될까요?
넓적한 컵에 물이 가득 차고, 길쭉한 컵에 남는 물이 있습니다.

---

❶ 물이 가장 많이 들어 있는 컵의 기호를 쓰시오. **다**

가   나   다

❷ 더 많은 물이나 우유를 담을 수 있는 것에 ○표 하시오.

토크 포인트

들이란 주전자나 물병과 같은 그릇 안쪽의 크기를 말합니다. 들이를 비교할 때는 '크다', '작다'라고도 할 수 있고, '많다', '적다'라고도 할 수 있습니다.

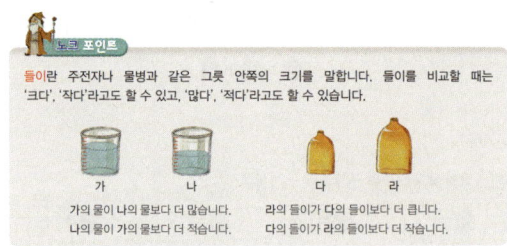
가   나   다   라

가의 물이 나의 물보다 더 많습니다.
나의 물이 가의 물보다 더 적습니다.

라의 들이가 다의 들이보다 더 큽니다.
다의 들이가 라의 들이보다 더 작습니다.

모양이 다른 그릇의 들이

높이와 바닥에 닿는 면의 모양과 크기는 같고, 전체 모양은 다른 화분 3개가 있습니다. 화분의 들이를 비교해 봅시다.

가   나   다

❶ 화분 가와 나를 함께 그려서 모양을 비교하였습니다. 어느 화분의 들이가 더 큽니까? **나 화분**

❷ 화분 가와 다를 함께 그려서 모양을 비교하였습니다. 어느 화분의 들이가 더 큽니까? **가 화분**

❸ 흙이 많이 들어가는 순서대로 기호를 써넣으시오.

나 > **가** > **다**

[뒤집은 모양]
1 탁자 위에 뒤집은 모양이 같은 컵 2개가 있습니다. 두 컵에 높이가 같게 물을 담았습니다. 더 많은 물을 담은 컵에 ○표 하시오.

컵 두 개를 겹쳐서 그리면 오른쪽과 같습니다. 물이 담기지 않은 부분이 더 작은 오른쪽 컵에 더 많은 물이 담겨 있습니다.

[꽃병의 들이]
2 지오는 어머니와 함께 시장에서 꽃병 3개를 샀습니다. 물을 가장 많이 담을 수 있는 병부터 차례로 기호를 써넣으시오.

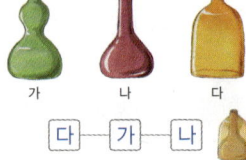
가   나   다

꽃병 3개를 겹쳐 그려서 들이를 비교해 보렴.

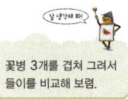

다 — **가** — **나**

🐻 구슬이 들어 있는 그릇의 들이

58
59

물이 들어 있는 비커에 초록색 구슬과 빨간색 구슬을 넣으면 물의 높이가 각각 다음과 같이 변합니다.

초록색 구슬을 넣으면 물의 높이가 1칸 올라가고, 빨간색 구슬을 넣으면 물의 높이가 2칸 올라갑니다.

비커 3개에 물을 부은 다음 비커 2개에는 각각 구슬을 넣었습니다. 세 비커에 들어 있는 물의 양을 비교해 봅시다.

가 　　　 나 　　　 다

❶ 나 비커와 다 비커에서 구슬을 모두 뺐을 때의 물의 양을 각각 그려 보시오.

나 　　　 다

초록색 구슬을 넣으면 물의 높이가 1칸 올라가네. 빨간색 구슬을 넣으면 물의 높이가 몇 칸 올라가는지 알아보렴.

❷ 물이 많이 들어 있는 순서대로 기호를 쓰시오.

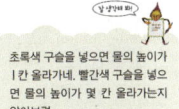
나 > 가 > 다

58　A2 측정

[갈아진 물의 높이]

1 똑같은 컵 3개에 다음과 같이 물이 담겨 있습니다. 컵에 크기가 다른 구슬을 하나씩 넣었더니 물의 높이가 모두 같아졌습니다. 가장 큰 구슬을 넣은 컵의 기호를 쓰시오. **다**

가 　　　 나 　　　 다

물의 높이가 같아지려면 물의 양이 가장 적은 다 컵에 가장 큰 구슬을 넣어 물의 높이가 가장 많이 올라가도록 해야 합니다.

구슬의 크기가 클수록 물의 높이는 어떻게 될까?

[높이의 변화]

2 물이 들어 있는 비커에 공을 넣었더니 다음과 같이 물의 높이가 높아졌습니다. 물이 많이 들어 있는 순서대로 기호를 쓰시오. **나 – 가 – 다**

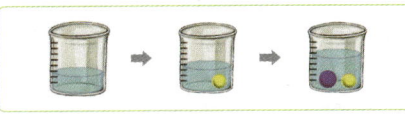

가 　　　 나 　　　 다

🟡를 넣으면 물의 높이가 1칸, 🟣를 넣으면 물의 높이가 2칸 올라갑니다. 가, 다에서 공을 빼면 가의 물의 높이는 3칸, 다의 물의 높이는 2칸입니다.

Chapter 3 여러 가지 비교　59

---

8 넓이 비교

60
61

대마왕과 꼬마 요괴가 피자 가게를 열었습니다. 이 가게에서는 피자를 재미있는 모양으로 잘라서 팔고 있습니다.

많이 사가도록!

가격은 모두 같단다.

대마왕

한입 요괴

태경이네 가족이 대마왕 피자 가게에 피자를 먹으러 갔습니다. 모두 같은 값이라면 어떤 모양의 피자를 시키는 것이 좋을까요? 가장 넓은 피자에 ○표 하시오.

60　A2 측정

🔵 둘 중 더 넓은 것은 ○표, 더 좁은 것은 △표 하시오.

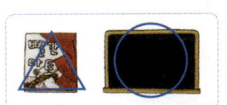 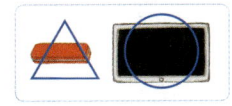

🔵 색종이를 붙여서 다음과 같은 모양을 만들었습니다. 왼쪽보다 색종이를 적게 사용한 것의 기호를 모두 쓰시오. **가, 라**

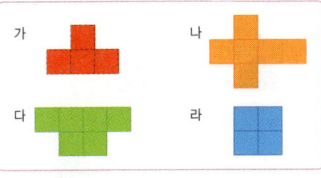

노트 포인트

넓이를 비교할 때에는 '넓다', '좁다'와 같은 말을 사용합니다. 넓이는 직접 대어 보거나 크기와 모양을 보고 비교할 수도 있고, 크기와 모양이 같은 조각의 수를 세어 비교할 수도 있습니다.

 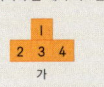

수학책이 수첩보다 더 넓습니다.
수첩은 수학책보다 더 좁습니다.

가 모양이 나 모양보다 더 넓습니다.
나 모양이 가 모양보다 더 좁습니다.

Chapter 3 여러 가지 비교　**61**

🐱 개수 세어 넓이 비교하기

초이는 다음과 같은 조각을 사용하여 여러 가지 모양을 만들었습니다. 초이가 만든 모양의 넓이를 비교하여 봅시다.

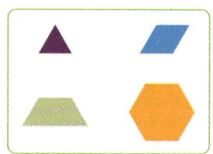 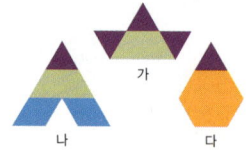

❶ 모양을 만드는 데 사용한 각 조각의 넓이가 ▲ 조각 몇 개의 넓이와 같은지 □ 안에 알맞은 수를 써넣으시오.

  |개   2 개   3 개   6 개

❷ 초이가 만든 모양은 각각 ▲ 조각 몇 개의 넓이와 같은지 구하시오.

가: 6 개   나: 8 개   다: 7 개

❸ 넓은 모양부터 순서대로 기호를 써넣으시오.

나 — 다 — 가

[모양의 넓이]

1 주어진 조각을 사용하여 만든 모양입니다. 모양을 만드는 데 사용한 조각의 수를 써넣으시오.

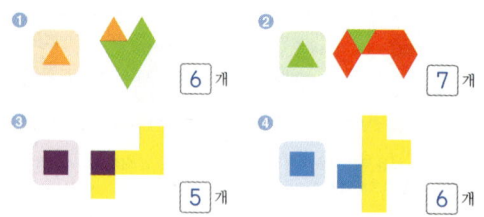

❶ 6 개   ❷ 7 개   ❸ 5 개   ❹ 6 개

주어진 조각으로 전체 모양을 나누어 보면 사용한 조각의 수를 알 수 있습니다.

[땅 따먹기]

2 태경이, 지오, 아인이, 초이가 땅따먹기 놀이를 하였습니다. 가장 넓은 땅을 가진 사람의 이름을 쓰시오. 지오

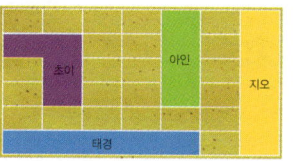

상상비법: 작은 칸 몇 개의 넓이와 같은지 세어 보면 넓이를 비교할 수 있단다.

초이: 4칸, 아인: 4칸, 지오 :6칸, 태경: 5칸

🐱 칠교 조각의 넓이

다음 일곱 조각은 칠교라고 하며, 중국에서는 '지혜의 판', 유럽에서는 '탱그램'이라고 불립니다.

위 그림에서 가장 작은 조각의 넓이를 |이라고 할 때, 다른 조각의 넓이를 모두 구하시오.

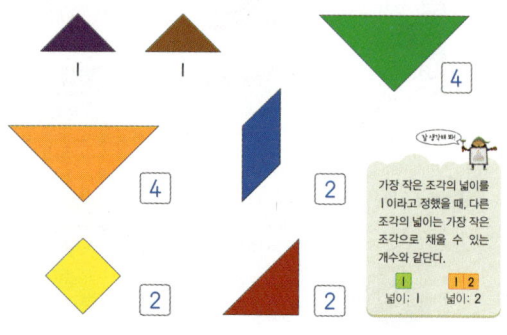

| | 4   4   2   2   2

상상비법: 가장 작은 조각의 넓이를 |이라고 정했을 때, 다른 조각의 넓이는 가장 작은 조각으로 채울 수 있는 개수와 같단다.
넓이: | 넓이: 2

[도형의 넓이]

1 가장 작은 조각의 넓이를 |이라고 할 때, 다음 도형의 넓이를 구하시오.

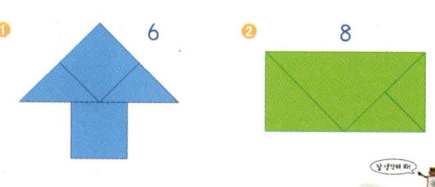

❶ 6   ❷ 8

상상비법: 가장 작은 조각으로 전체 모양을 나누어 보렴.

[모눈 위의 도형]

2 모눈 한 칸의 넓이를 |이라고 할 때, 색칠한 도형의 넓이를 구하시오. |2

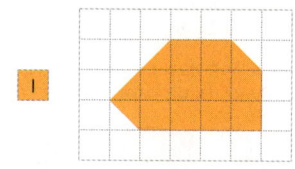 

상상비법: ◢과 ▨의 넓이가 같단다.

9 여러 가지 비교

동요 '원숭이 엉덩이는 빨개'는 특징을 연결하여 만든 노래입니다.

원숭이 엉덩이는 빨개
빨가면 사과
사과는 맛있어
맛있으면 바나나
바나나는 길어
길면 기차
기차는 빨라
빠르면 비행기
비행기는 높아
높으면 백두산

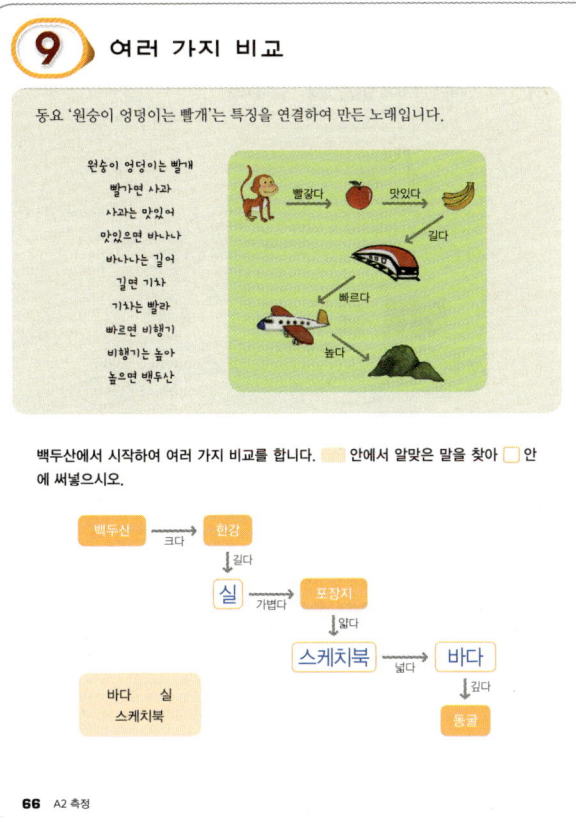

백두산에서 시작하여 여러 가지 비교를 합니다. 　 안에서 알맞은 말을 찾아 　 안에 써넣으시오.

백두산 —크다→ 한강
한강 ↓길다
실 —가볍다→ 포장지
포장지 ↓얇다
스케치북 —넓다→ 바다
바다 ↓깊다
동굴

바다　실
스케치북

　 안에 알맞은 말을 써넣으시오.

높이	두께	굵기
높다. > 낮다.	두껍다. > 얇다.	굵다. > 가늘다.

깊이	키	거리
깊다. > 얕다.	크다. > 작다.	멀다. > 가깝다.

길이	무게	넓이
길다. > 짧다.	무겁다. > 가볍다.	넓다. > 좁다.

노트 포인트

같은 물건도 여러 가지로 비교할 수 있습니다.

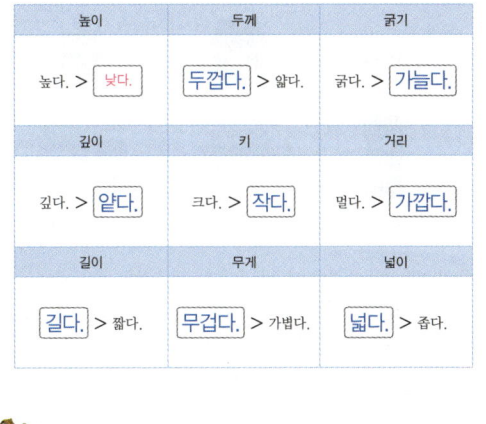

풍선은 야구공보다 크기가 더 큽니다.
풍선은 야구공보다 무게가 더 가볍습니다.

물통은 유리컵보다 들이가 더 큽니다.
물통은 유리컵보다 무게가 더 가볍습니다.
물통은 유리컵보다 깊이가 더 깊습니다.

여러 가지 비교하기

여러 가지를 함께 비교해 봅시다.

지오의 필통에 들어 있는 물건입니다.

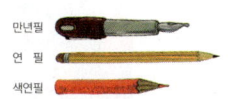
만년필
연필
색연필

① 가장 긴 것과 가장 짧은 것은 각각 무엇입니까?

가장 긴 것: 연필　　가장 짧은 것: 색연필

② 가장 굵은 것과 가장 가는 것은 각각 무엇입니까?

가장 굵은 것: 만년필　　가장 가는 것: 연필

지오의 책상 위에 있는 물건입니다.

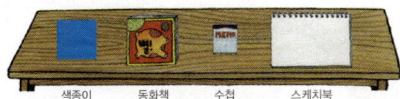
색종이　동화책　수첩　스케치북

① 가장 두꺼운 것과 가장 얇은 것은 각각 무엇입니까?

가장 두꺼운 것: 동화책　　가장 얇은 것: 색종이

② 가장 넓은 것과 가장 좁은 것은 각각 무엇입니까?

가장 넓은 것: 스케치북　　가장 좁은 것: 수첩

[비교할 때 쓰는 말]

1 비교할 때 쓰는 말끼리 선으로 이으시오.

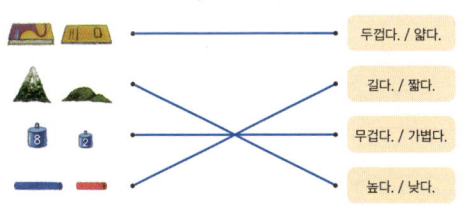

두껍다. / 얇다.
길다. / 짧다.
무겁다. / 가볍다.
높다. / 낮다.

[더 깊은 바다]

2 바다 아래를 나타낸 것입니다. 배가 있는 곳의 물의 깊이보다 더 깊은 곳의 기호를 모두 쓰시오. **나, 다**

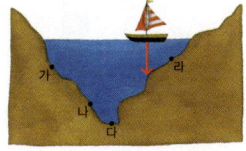

정답 및 해설　**15**

🐿 짝지어 비교하기

그림에서 두 가지를 짝지어 비교해 봅시다.

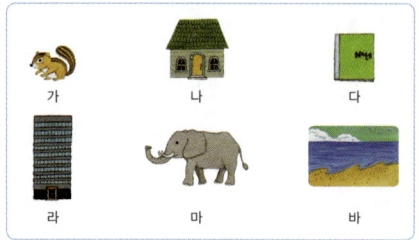

| 가 | 나 | 다 |
| 라 | 마 | 바 |

❶ 가와 마를 비교한 것입니다. 알맞은 말에 ◯표 하시오.

- 가는 마보다 더 (큽니다 , (작습니다)).
- 가는 마보다 더 (무겁습니다 , (가볍습니다)).

❷ 가에서 바까지 중 2개씩을 짝지어 비교하여 '무엇은 무엇보다 더 어떻습니다.' 와 같은 문장을 4개 만들어 보시오.

- <u>바</u> 은(는) <u>다</u> 보다 더 <u>넓습니다</u> .
- 예 <u>다</u> 은(는) <u>바</u> 보다 더 <u>좁습니다</u> .
- <u>라</u> 은(는) <u>나</u> 보다 더 <u>높습니다</u> .
- <u>나</u> 은(는) <u>라</u> 보다 더 <u>낮습니다</u> .

여러 가지 답이 있습니다.

[두 가지의 비교]

1 두 가지를 비교할 때 알맞은 말에 ◯표 하시오.

❶
기린의 목은 원숭이의 목보다
더 ((깁니다) , 넓습니다).

❷
실은 연필보다
더 ((가늡니다) , 낮습니다).

❸
텔레비전은 공책보다
더 (많습니다 , (넓습니다)).

❹
축구공은 야구공보다
더 (굵습니다 , (큽니다)).

[올바른 표현]

2 올바르게 비교한 것의 기호를 쓰시오. ㄹ

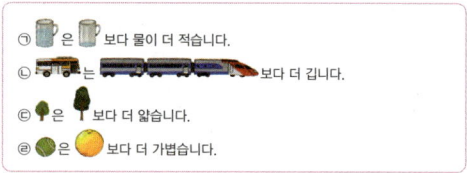

ㄱ 🍺 은 🍺 보다 물이 더 적습니다.
ㄴ 🚌 는 🚄 보다 더 깁니다.
ㄷ 🌳 은 🌳 보다 더 얇습니다.
ㄹ 🌰 은 🍊 보다 더 가볍습니다.

🙈 창의적 문제해결력

1 크기가 모두 다른 병 ㉠, ㉡, ㉢, ㉣이 있습니다. 다음을 읽고 물을 가장 많이 담을 수 있는 병의 기호를 쓰시오. ㉠

> ㉠은 ㉡에 물을 가득 채워서 3번 부으면 가득 찹니다.
> ㉢은 ㉡에 물을 가득 채워서 2번 부으면 가득 찹니다.
> ㉣에 물을 가득 채워서 ㉡에 부으면 반만 찹니다.

㉠=㉡3, ㉢=㉡2, ㉣<㉡
㉠>㉢>㉡>㉣

2 초이, 태경이, 아인이가 모두 같은 크기의 주스 1캔을 샀습니다. 세 사람이 마시고 남은 주스를 각자 다른 병에 담았습니다. 가장 주스를 많이 마신 사람의 이름을 쓰시오. 아인

초이   태경   아인

세 사람이 처음 가지고 있던 주스의 양이 모두 같으므로 남은 주스의 양이 적을수록 마신 주스의 양이 더 많습니다.

📍 동영상 특강
QR 코드를 찍어 보세요!

3 도화지에 파란색, 빨간색, 초록색 물감을 칠했습니다. 가장 많이 사용한 물감의 색을 구하시오. 초록색

4 지오와 태경이의 대화에서 잘못된 말에 밑줄을 긋고 바르게 고치시오.

지오: 텔레비전에서 백설공주와 일곱 난쟁이를 봤는데 일곱 난쟁이들의 키가 정말 <u>낮았어</u>.
→ 작았어

태경: 그거 나도 봤어. 백설공주가 너무 가엾더라고. 독이 든 사과를 백설공주가 한 입 깨무는 순간…… 너무 안타까웠어!

지오: 나는 마녀가 높은 거울에 대고 '거울아 거울아~' 하는데 너무 얄밉더라고.
→ 넓은 또는 큰

태경: 백설공주가 <u>길이가</u> 무거운 침대에 누워 있는데 제발 공주가 다시 살아나길 마음 속으로 빌었어.
→ 무게가, 긴

지오: 그래도 마지막에 멋진 왕자님이 나타나서 모두 행복하게 끝나 다행이야. 정말 재미있었어!

시계 보기

여러 가지 시계

아인이가 시계 가게에서 여러 가지 시계를 구경하고 있습니다. 바늘과 숫자가 모두 있는 시계도 있고, 숫자가 없는 시계도 있습니다.

숫자와 바늘은 같은데 크기와 모양이 다양해요.

숫자가 빠져 있는 시계도 있어요. 시계를 보기 불편하겠어요.

눈금만 봐도 몇 시인지 알 수 있단다.

   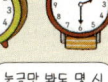

바늘이 없고 숫자만 있는 시계도 있고, 숫자 대신 다른 글자가 있는 시계도 있습니다.

  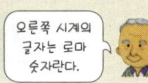

오른쪽 시계의 글자는 로마 숫자란다.

아인이가 구경한 시계 중 나타내는 시각이 다른 시계와 다른 하나를 찾아 ◯표 하시오.

🔵 현재 시각을 알 수 없는 것에 ◯표 하시오.

🔵 8시를 나타내는 시계는 모두 몇 개인지 구하시오. **2개**

토크 포인트

여러 가지 시계가 있지만 시각을 읽는 방법은 모두 같습니다. 숫자가 없는 시계와 로마 숫자가 있는 시계도 눈금이 나타내는 시각은 같습니다.

6시 30분   6시 30분   6시 30분   6시 30분

숫자가 없는 시계는 바늘이 벌어진 정도를 이용하여 시각을 읽을 수 있습니다.

8시

몸으로 시각을 나타낼 수 있습니다.

3시

🎯 디지털 시계와 모형 시계

다음은 디지털 시계에 사용하는 숫자입니다. 디지털 시계와 모형 시계에 같은 시각을 나타내어 봅시다.

❶ 디지털 시계의 선을 색칠하여 모형 시계와 같은 시각을 나타내시오.

❷ 모형 시계에 바늘을 그려 디지털 시계와 같은 시각을 나타내시오.

[같은 시각]
1 같은 시각을 나타내는 시계끼리 선으로 이으시오.

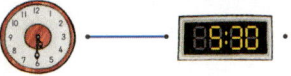

[거꾸로 있는 시계]
2 초이네 방에 디지털 시계가 거꾸로 놓여 있습니다. 거꾸로 된 디지털 시계를 보고 시계에 바늘을 그려 올바른 시각을 나타내시오.

❶    ❷

책을 거꾸로 뒤집어서 보면 시각을 알 수 있지.

정답 및 해설 **17**

🐌 시곗바늘

시계의 짧은바늘과 긴바늘이 벌어진 정도를 이용하여 시각을 읽어 봅시다.

❶ 숫자가 없는 벽걸이 시계가 있습니다. 짧은바늘과 긴바늘의 위치를 보고 시각을 구하시오.

2 :00   7 :00   10 :30

❷ 벽걸이 시계를 바닥에 두었더니 12를 가리키는 눈금이 어디인지 알 수가 없습니다. 시계가 가리키는 시각을 구하시오.

4 :00   11 :00

 몇 시인지 알 수가 없어.

짧은바늘이 큰 눈금을 정확히 가리키면 긴바늘은 항상 12를 가리키지.

[몸으로 나타낸 시각]
1 시계의 시각을 몸으로 바르게 나타낸 사람의 이름을 쓰시오. **초이**

아인   초이   지오

[시곗바늘]
2 디지털 시계의 시각을 모형 시계에 나타내려고 합니다. 물음에 맞는 시계의 기호를 쓰시오.

모형 시계에 시각을 직접 나타내 보렴.

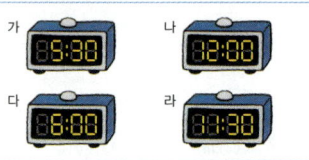

❶ 긴바늘과 짧은바늘이 완전히 겹치는 시각 **나**

❷ 긴바늘과 짧은바늘이 정반대를 가리키는 시각 **다**

가   나   다   라

---

⑪ 고장난 시계

아인이는 모형 시계를 관찰하고, 다음과 같이 관찰한 결과를 수학 일기에 적었습니다. ⬚안에 알맞은 수나 말을 써넣으시오.

아인이의 관찰 일기

• 큰 눈금에는 1에서 12까지의 수가 적혀 있습니다.
• 시곗바늘은 12에서 오른쪽 방향으로 돌고 있습니다.
• 큰 눈금 사이에는 작은 눈금이 **4** 개씩 있습니다.
• 1과 마주 보고 있는 수는 **7** 입니다.
• 제일 위에 있는 적혀 있는 수는 **12** 이고, 제일 아래에 적혀 있는 수는 **6** 입니다.
• 긴바늘과 짧은바늘 중 더 빠르게 움직이는 바늘은 **긴바늘** 입니다.
• 시계 한 바퀴는 큰 눈금이 **12** 개입니다.
• 긴바늘이 한 바퀴 도는 동안 짧은바늘은 큰 눈금 **1** 칸을 움직입니다.

왼쪽 시계의 긴바늘을 몇 바퀴 돌리면 오른쪽과 같은 시각을 나타내는지 구하시오.

 → **3** 바퀴

짧은바늘이 큰 눈금 3칸을 움직이므로 긴바늘이 3바퀴를 돕니다.

---

❶ 시계의 ⬚ 안에 알맞은 숫자를 쓰고 시각에 맞게 짧은바늘을 그리시오.

10 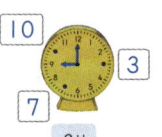 2
7   8
3   4

9시   5시 30분

❷ 시계의 짧은바늘이 다음과 같이 움직이는 동안 긴바늘은 몇 바퀴를 도는지 구하시오.

 → **2** 바퀴

🧙 **토끼 포인트**

① 시계에는 1부터 12까지의 수가 오른쪽으로 둥글게 있습니다.
② 시곗바늘은 모두 오른쪽으로 돌아갑니다.
③ 긴바늘이 한 바퀴 돌아서 제자리로 오면, 짧은바늘은 큰 눈금 한 칸을 움직입니다.
④ 긴바늘이 없어도 짧은바늘의 위치로 몇 시인지 알 수 있습니다.

4시   7시

---

18   A2 측정

🧙 불량품 시계

시계 공장의 창고에는 잘못 만든 불량품 시계가 여러 개 있습니다. 무엇을 잘못 만들었는지 찾아봅시다.

여기에는 고장난 시계 천지군.

시곗바늘이 잘못된 것도 있고, 시계의 숫자가 잘못된 것도 있어.

다음 불량품 시계의 잘못된 점을 쓰시오.

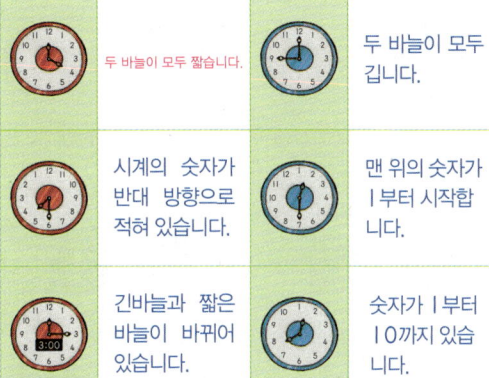

두 바늘이 모두 짧습니다.	두 바늘이 모두 깁니다.
시계의 숫자가 반대 방향으로 적혀 있습니다.	맨 위의 숫자가 1부터 시작합니다.
긴바늘과 짧은바늘이 바뀌어 있습니다.	숫자가 1부터 10까지 있습니다.

[고장나지 않은 시계]

1 고장난 시계와 고장나지 않은 시계가 섞여 있습니다. 다음 중 고장나지 않은 시계를 모두 찾아 기호를 쓰시오. **다, 마**

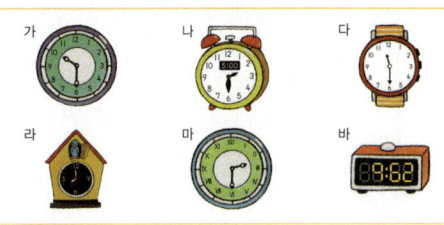

[시계 고치기]

2 시계가 잘못되어 두 바늘 모두 긴바늘이 끼워져 있습니다. 시계를 고쳐 긴바늘과 짧은바늘을 올바르게 그려 넣으시오.

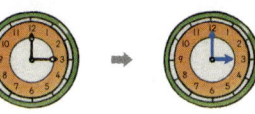

짧은바늘이 큰 눈금 숫자를 정확하게 가리키면 긴바늘은 항상 12를 가리키게 돼.

🍄 짧은바늘

마법 나라의 시계는 짧은바늘만 있습니다. 카드 요정이 마법 나라의 시계를 읽는 방법을 알려 주고 있습니다.

12시 정각이란다. 긴바늘이 있었다면 12를 가리키고 있겠지.

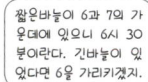
짧은바늘이 6과 7의 가운데에 있으니 6시 30분이란다. 긴바늘이 있었다면 6을 가리키겠지.

❶ 긴바늘이 없는 시계의 시각을 읽어 보시오.

 `3` : `00`

 `11` : `30`

❷ 시각에 맞게 짧은바늘만 그려 보시오.

1시 30분

6시

4시 30분

[짧은바늘]

1 아인이는 거실에 있는 시계를 만지다가 실수로 긴바늘을 부러뜨렸습니다. 디지털 시계를 보고 남아 있는 짧은바늘을 그려 넣으시오.

[잘못된 시곗바늘]

2 짧은바늘만 있는 시계에 긴바늘을 끼워 넣었습니다. 긴바늘을 잘못 넣은 시계의 기호를 쓰시오. **나**

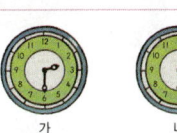
가

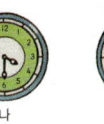
나

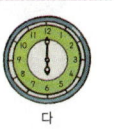
다

짧은바늘이 숫자를 가리키면 긴바늘은 12를, 짧은바늘이 두 숫자의 가운데를 가리키면 긴바늘은 6을 가리켜야 해.

12 시간의 흐름

초이는 어제 하루 동안 한 일을 다음과 같이 나타내었습니다.

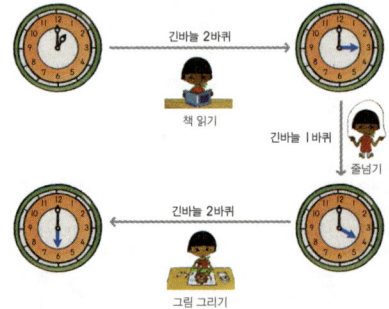

시계는 하루 동안 12시를 몇 번 가리킵니까? **2번**

초이가 오후 1시에서 오후 6시 사이에 한 일 중 1시간 동안 한 일은 무엇입니까?
그림 그리기

시계의 짧은바늘은 하루 동안 몇 바퀴를 돌까요? **2바퀴**

태경이가 일요일 오후에 한 일들과 시각을 나타낸 것입니다. 태경이가 한 일의 순서대로 번호를 써넣으시오.

| 2  축구 | 3 책 읽기 | 1 서점 방문 |

짧은바늘이 2에서 큰 눈금 3칸을 움직인 후의 시각을 나타내는 시계의 기호를 쓰시오. **라**

가

나

다

라

짧은바늘이 큰 눈금 3칸을 움직이면 3시간이 지납니다.

포인트

하루는 24시간입니다. 하루 동안 시계는 2바퀴를 돌면서 같은 시각을 2번씩 나타냅니다.

 오전 7시: 잠에서 깨어나기    오후 7시: 저녁 식사

짧은바늘이 시계의 큰 눈금 1칸을 움직이는 시간을
1시간(한 시간)이라고 합니다. →1시간→

시간의 흐름과 시각

초이가 일요일에 한 일들을 시계와 함께 나타낸 것입니다. 초이의 일요일의 일과를 알아봅시다.

❶ 긴바늘이 몇 바퀴 돌았는지를 보고, 시계에 짧은바늘을 알맞게 그려 넣으시오.

긴바늘 2바퀴
책 읽기

긴바늘 1바퀴
줄넘기

긴바늘 2바퀴
그림 그리기

❷ 초이는 일요일 오후 3시에 무엇을 하기 시작했습니까? **줄넘기**

❸ 오후 6시부터 긴바늘이 1바퀴 반을 도는 동안 초이는 가족들과 저녁 식사를 하였습니다. 저녁 식사를 마친 시각을 시계에 나타내시오.

긴바늘이 1바퀴 반을 돌면 1시간 30분이 지납니다.

[지오의 하루]
1 다음은 지오의 하루 일과를 나타낸 그림입니다. 그림에 알맞은 시각의 기호를 써넣으시오.

같은 시각이라도 오전과 오후는 다르단다.

| ㉠ 오후 4시 30분 | ㉡ 오전 7시 |
| ㉢ 오후 7시 | ㉣ 오전 11시 |

저녁 식사
ㄷ

방과 후 놀이터
ㄱ

일어나기
ㄴ

학교 수업
ㄹ

[시곗바늘 돌리기]
2 왼쪽 시계의 긴바늘을 2바퀴 반만큼 움직였을 때의 시각을 쓰고, 시계에 시곗바늘을 그려 넣으시오.

 긴바늘 2바퀴 반 →

7 : 00

20   A2 측정

🕐 시각 다섯 고개

92 93

시각을 설명해 주는 시계로봇이 있습니다. 이 로봇은 시각을 그냥 가르쳐 주지 않고 문제를 내듯이 말을 합니다. 로봇이 설명하는 시각을 알아봅시다.

❶ 로봇의 설명에 알맞은 시곗바늘을 그려 보시오.

8시를 지나서 긴바늘이 처음으로 다시 12를 가리키고 있어.

짧은바늘과 긴바늘이 모두 같은 수를 가리키고 있어.

❷ 로봇의 설명에 알맞은 시각을 쓰시오.

4시는 넘었고, 아직 6시는 안 지났고 긴바늘이 12에 있는 시각이야.

10시보다 늦고 11시보다 이른 시각인데 긴바늘이 6을 가리키고 있어.

| 5 : 00 | 10 : 30 |

긴바늘은 12를 가리키고 있고 짧은바늘은 12와 반대쪽에 있는 수를 가리키고 있어.

1시보다 늦고 3시보다 이른 시각인데 긴바늘은 12를 가리키고 있어.

| 6 : 00 | 2 : 00 |

[시곗바늘과 시각]

1 지오와 초이가 말한 시각에 맞게 시곗바늘을 그려 넣으시오.

 지오 : 어제 3시보다 늦고 4시보다 이른 시각에 어머니 심부름을 했는데 시계의 긴바늘이 6을 가리키고 있었어. **3시 30분**

 초이 : 어제 저녁을 먹으면서 시계를 보니 짧은바늘이 **1** 의 반대 방향을 가리키고 있었고, 긴바늘은 12를 가리키고 있었어. **└7 7시**

지오가 심부름을 한 시각   초이가 저녁을 먹은 시각

[잠이 든 시각]

2 더 늦은 시각에 잠을 잔 사람의 이름을 쓰시오. **태경**

 아인 : 이 시계의 긴바늘이 2바퀴 반을 움직인 시각에 갔어.

 태경 : 이 시계에서 짧은바늘이 큰 눈금 2칸을 움직인 시각에 갔어.

아인이가 잠을 잔 시각: 9시   태경이가 잠을 잔 시각: 9시 30분

🐵 창의적 문제해결력

94 95

1 시계의 긴바늘이 한 바퀴 도는 동안 모래시계의 모래가 모두 아래로 떨어집니다. 모래가 모두 아래로 떨어지면 바로 모래가 위로 오도록 모래시계를 뒤집었습니다. 모래시계를 보고 끝난 시각을 시계에 그려 넣으시오.

시작   1번 뒤집기   2번 뒤집기   끝

시작 시각   끝난 시각

모래시계의 모래가 모두 3번 떨어졌으므로 3시 30분부터 3시간 후인 6시 30분에 끝납니다.

2 태경이는 오후 7시부터 시계의 긴바늘이 1바퀴 반을 도는 동안 책을 읽었고, 초이는 오후 8시부터 시계의 짧은바늘이 큰 눈금 1칸을 움직이는 동안 책을 읽었습니다. 더 늦은 시각까지 책을 읽은 사람의 이름을 쓰시오. **초이**

태경   초이

	태경	초이
시작 시각	7시	8시
끝난 시각	8시 30분	9시

📹 동영상 특강
QR 코드를 찍어 보세요!!

3 1시부터 4시 30분까지 시계의 짧은바늘과 긴바늘이 완전히 겹치는 경우는 모두 몇 번 있는지 구하시오. **4번**

4 아인이네 집에는 30분에 한 번씩 뻐꾸기가 나오는 시계가 있습니다. 오전 9시 정각에 뻐꾸기가 나왔다면 오후 2시 정각까지 뻐꾸기는 몇 번 더 나옵니까? **10번**

오전 9시 30분, 오전 10시, 오전 10시 30분, 오전 11시, 오전 11시 30분, 낮 12시, 오후 12시 30분, 오후 1시, 오후 1시 30분, 오후 2시
➡ 10번

정답 및 해설 **21**

MEMO

MEMO

MEMO

정답및
해설

측정

A2
(8~9세)